bebidas saludables y curativas

bebidas saludables y curativas

anne mcintyre

Javier Vergara Editor
GRUPO ZETA

Barcelona / Bogotá / Buenos Aires
Caracas / Madrid / México D. F.
Montevideo / Quito / Santiago de Chile

A GAIA ORIGINAL

Título original: *Healing Drinks*

Los libros de Gaia reflejan la visión de la editorial, privilegian la riqueza autosuficiente de la Tierra
y buscan ayudar a los lectores para que vivan en una mayor armonía personal y cósmica.

Editorial Mary Pickles, Pip Morgan
Diseño Sarah Mathews
Fotografía Adrian Swift
Gerente editorial Pip Morgan
Producción Lyn Kirby
Dirección Joss Pearson, Patrick Nugent
Traducción Silvia Sassone

Advertencia
Las recetas y sugerencias de este libro
debe emplearlas el lector a su solo arbitrio y riesgo.
Ante cualquier duda relacionada con la salud,
consulte con su médico.

Primera edición en el Reino Unido en 2000 por Gaia Books Ltd.,
66 Charlotte Street, Londres W1P 1LR y 20 High Street, Stroud,
Gloucestershire GL5 1AZ
© 2000, Gaia Books Limited
© del texto 2000, Anne McIntyre
© de la traducción 2000 Ediciones B Argentina S.A.
para el sello Javier Vergara Editor

ÉSTA ES UNA COEDICIÓN DE EDICIONES B S.A.
Y EDICIONES B ARGENTINA S.A. CON GAIA BOOKS LIMITED,
PARA EL SELLO JAVIER VERGARA EDITOR

www.edicionesb.com
ISBN: 950-15-2132-X
Primera edición: 2000

Impreso y encuadernado por Dai Nippon Printing en Hong Kong

índice

prólogo   8

introducción   10

capítulo 1

   ingredientes básicos   16

capítulo 2

   bebidas para tener buen aspecto
   y sentirse bien   44

capítulo 3

   bebidas para recuperar la salud   70

capítulo 4

   bebidas para el alma y el espíritu   126

apéndice   148

glosario   150

bibliografía complementaria   151

índice de recetas   152

índice temático   154

prólogo

La lectura de este libro revolucionará la idea que usted tiene de las verduras, las frutas y todo lo relativo al reino vegetal.

Yo, como tantos otros que consideran seriamente el tema de la salud, no hacía más que mezclar en una licuadora frutas y verduras, para después ingerir el resultado –a veces más que desagradable–, con la triste determinación de alguien que lo hace por su propio beneficio.

Sin duda estaba en lo cierto, pues ahora todos los expertos en salud y nutrición coinciden en que la ingestión mínima diaria de cinco raciones de frutas y verduras reduce significativamente el riesgo de cáncer y enfermedades cardiacas. Si bien como graduada universitaria en ciencias de la alimentación y nutrición, yo conocía esos beneficios, como ser humano, me estaba olvidando de algo.

En resumen, carecía de la vasta experiencia de la escritora Anne McIntyre, como médica herborista, y de sus conocimientos sobre plantas y hierbas; resultado de la intensa recolección de alimentos y fitomedicinas de la naturaleza.

Anne no abordó el tema de las bebidas benéficas de la forma casual en que cualquiera lo haría, con la sola idea de probar para ver las consecuencias. Con claridad y lógica, ella nos describe los beneficios que podemos aprovechar de los líquidos y explica las técnicas y el equipo necesario para comenzar a preparar de todo, desde zumos y sopas, hasta vinos y licores.

El enfoque está dirigido hacia 25 ingredientes de primera calidad, desde el punto de vista de la salud, que podrán emplearse en la preparación de las bebidas; además, dedica varios capítulos para describir recetas deliciosas y sencillas. Allí encontraremos lo que en verdad hay que saber: cómo preparar bebidas que realcen la belleza, nos protejan contra la enfermedad e incluso mejoren nuestro estado de ánimo. Para los incrédulos, cada fórmula está sustentada por una razón científica.

El sabor exquisito de las recetas y el deseo de probarlas a todas son la atracción máxima de este libro. Una de mis preferidas es la Infusión de jengibre y limón malaya *(véase p. 63)*; no sé si me gusta porque me trae recuerdos de mis vacaciones en el Extremo Oriente o porque realmente parece estimularme cuando bajan mis defensas.

No importa cuáles sean sus preferencias o necesidades en materia de salud, no tengo duda que este libro le enseñará a preparar unas cuantas bebidas saludables, que pronto pasarán a ser sus favoritas.

¡Por una feliz experiencia, salud!

Angela Dowden

Angela Dowden es una de las principales periodistas de Gran Bretaña especializada en salud y nutrición. Miembro de la Sociedad Real de la Salud y del Gremio de Escritores de la Salud, Angela es asidua colaboradora de periódicos de ámbito nacional, como el *Daily Mail,* y revistas, como *Zest, Woman, Healthy* y *Top Santé.*

También, es autora de obras como *Are You Getting Enough Vitamins and Minerals?* (1999), coautora de *The Consumer Guide to Vitamins* (1996), colaboradora de *Healthy Options* (1997) y asesora editorial de nutrición en *Eat Better, Feel Better* (1998).

introducción

introducción

El líquido es vital para la vida, ya sea bebido en forma de agua pura o en preparaciones exóticas en ocasión de una fiesta; en nuestra existencia, las bebidas desempeñan una gama completa de funciones. Es cierto que satisfacen nuestras necesidades inmediatas al aplacar la sed, pero también nos refrescan en un día caluroso o nos dan calor en un frío día de invierno. Cuando nos sentimos mal, las bebidas pueden enriquecerse con nutrientes que nos alimenten y fortalezcan, proporcionándonos las materias primas y la energía necesarias para curar la mente y el cuerpo. Poseen la capacidad de aumentar nuestra vitalidad e incluso de prolongar la vida, además brindan consuelo y tranquilidad en momentos estresantes y traumáticos.

Durante siglos, el acto de beber ha formado parte de las ceremonias sociales y religiosas en todo el mundo y aún hoy desempeña un papel simbólico en nuestras vidas. En ocasiones sociales y comerciales, es común que bebamos en grupo, casi como si se tratara de un ritual para facilitar la comunicación. Usamos bebidas para brindar por la salud de un amigo, por la felicidad de una pareja de recién casados y por el nacimiento de un nuevo ser, o para celebrar un aniversario de bodas, un cumpleaños o la Navidad. No olvidemos por cierto el placer sencillo de una buena conversación con una copa mediante.

La importancia del agua

Si consideramos que el cuerpo está formado por un 75 por ciento de agua, no es de sorprender que debamos beber con frecuencia para que nuestro cuerpo funcione correctamente. Los adultos pierden unos 2,25 o 3,5 litros de agua diarios (más si se hace mucho ejercicio físico): 0,6 litros en el sudor, 1,2 litros al exhalar el aire y 1,8 litros en la orina. Este líquido perdido debe recuperarse. En realidad, nuestro cuerpo puede sobrevivir más sin alimento sólido que sin agua. El equilibrio correcto de agua es fundamental para el funcionamiento de las células del cuerpo.

Es necesario beber suficiente cantidad de agua –de una u otra forma– para evacuar los desechos de los intestinos y evitar la estreñimiento y los consiguientes problemas intestinales. Asimismo, es necesario para eliminar desechos y toxinas a través de la piel, en forma de sudor y por la vejiga como orina, evitando de esa forma la irritación de los riñones y la vejiga. Cuando se tiene fiebre, diarrea o vómitos, es de suma importancia beber mucho líquido para no deshidratarse. Después de una noche de alcohol, la ingestión de cantidades muy abundantes de agua o zumos de fruta descargará los riñones y reducirá la probabilidad de una resaca.

Tal vez, muchos de nosotros no bebemos la cantidad de agua que requiere nuestro organismo para mantenernos en estado óptimo. Si el agua pura no resulta demasiado atractiva, existen numerosas formas más ricas de dar agua a nuestro cuerpo. Las recetas del libro –para zumos/jugos y licuados de fruta, zumos de verduras, cócteles de verduras o frutas, sopas e infusiones– inducirán a beber un poco más de liquido hasta los menos entusiastas.

Infusiones

La infusión –ya sea de té chino, hindú o de hierbas– es una perfecta bebida natural que carece de aditivos artificiales y ha formado parte de la vida del hombre durante miles de años. Aparte del agua, muchos de nosotros bebemos más infusiones que cualquier otra bebida; es posible entonces aprovechar este vehículo en un repertorio de infusiones sanas que también satisfagan nuestro paladar. Cada infusión de hierbas no sólo posee un sabor único, sino también una variedad de beneficios para la salud reconocidos en todo el mundo por los expertos en fitomedicina. Las infusiones de hierbas del libro fueron escogidas por sus valores terapéuticos y por el ligero sabor aromático. De esa forma, representan una alternativa deliciosa a la archiconocida taza de té.

En los últimos años, el té "común" ha adquirido mala fama, pues contiene cafeína; en especial, esto ha sucedido porque el estrés es uno de los principales culpables en el desarrollo de problemas de salud y es la cafeína la que exacerba los efectos del estrés. Sin embargo, más recientemente se ha descubierto que el té –chino, hindú o japonés– contiene antioxidantes en forma de flavonoides. Éstos defienden al organismo contra la agresión de los radicales libres, que contribuyen al desarrollo de enfermedades crónicas, como las cardiacas y el cáncer. Un flavonoide –la catechina– también se encuentra en la manzana y el hollejo de la uva. Una de las desventajas del consumo de estas infusiones es que contienen polifenoles, que pueden interferir en la absorción de hierro. Por esa razón, es mejor beber la infusión entre comidas y no con la comida, en especial si usted es vegetariano.

Café

En Europa, Oriente Próximo y América del Norte, Central y del Sur, el café es el estimulante preferido para beber con mayor frecuencia. A mucha gente le es difícil encontrar una bebida más atractiva que la despierte por la mañana y la mantenga activa a lo largo de un día agitado; sin embargo, es posible que aquellos que beben mucho café deban pagar un precio. La cafeína puede estimular en exceso el sistema nervioso y exacerbar los efectos del estrés. Puede provocar cansancio, irritabilidad, ansiedad o insomnio, y es una causa común del dolor de cabeza, la migraña, el desequilibrio hormonal y la indigestión. El café descafeinado puede llegar a reducir el impacto negativo sobre el sistema nervioso de ciertos bebedores de café. Como alternativa, el agregado de cardamomo –a la manera de Oriente Próximo– ayuda a neutralizar los efectos de la cafeína. El café fuerte preparado en máquina o en cafetera de filtro ha demostrado que aumenta el colesterol en sangre y el riesgo de enfermedad coronaria y cardiaca. Sin embargo, tanto el café común como el descafeinado contienen antioxidantes que reducen el peligro de un ataque cardiaco. El efecto laxante y diurético del café puede ser útil, aunque tal vez haya que correr al lavabo en un momento poco propicio.

Zumos

Se dice que los zumos de frutas y verduras crudas son la fuente más rica de vitaminas, minerales y enzimas. Bebidos de esta forma, pasan rápidamente al torrente sanguíneo porque no exigen mucha descomposición de elementos en el tracto digestivo. Al parecer, los zumos irradian pura energía vital. Las personas que beben zumos frescos con frecuencia dicen que desde que lo hacen se sienten con mayor energía, tienen la piel más limpia, el pelo más brillante y su resistencia a las infecciones es mayor. Determinados zumos de frutas y verduras –escogidos por sus propiedades terapéuticas– pueden emplearse para el tratamiento de problemas de salud menores, como los cutáneos, intestino perezoso, artritis y una gama completa de desórdenes que serán detallados en las páginas siguientes. Siempre que sea posible, emplee zumos recién exprimidos para preparar las recetas y bébalos de inmediato a fin de conseguir el máximo beneficio. Para prepararse sus propios zumos no requiere más que un buen exprimidor (véase Apéndice para más detalles).

Bebidas con leche

Desde hace mucho tiempo, los licuados –mezclas deliciosas, espesas y cremosas de frutas, zumos y leche o yogur– han gozado de popularidad en la Costa Oeste de Norteamérica y en los países de climas cálidos de todo el mundo. Ahora en el Reino Unido y Europa, se han impuesto rápidamente como bebidas de moda. Por cierto, existen buenas razones para que los licuados sean tan aceptados. No sólo resultan absolutamente deliciosos, además son nutritivos y suculentos. En realidad, son un desayuno o refrigerio ideal para la persona ocupada que carece de tiempo para una comida adecuada; su preparación es rápida y fácil; no requiere más que los ingredientes y una licuadora. Sin embargo, como los licuados son fríos, no resultan la mejor bebida en invierno o para alguien que sufre de mala circulación o tiene un metabolismo lento. (En estas circunstancias, se prefieren las bebidas con leche caliente y muchas especias.)

Todas las bebidas lácteas de este libro pueden prepararse con productos de leche de vaca/res, cabra u oveja. Como alternativa, si usted es vegetariano o sufre de intolerancia a la lactosa, puede emplear leche de soja, de arroz, de almendra o de avena; todas ellas son aptas para personas con tendencia a sufrir alergias, infecciones respiratorias frecuentes, catarros, síntomas de la menopausia o problemas intestinales. Si está cuidando su peso o le preocupa la tendencia a tener colesterol o hipertensión arterial o una enfermedad cardiaca, escoja leche de bajo contenido de grasa y yogur ligero. Las grasas son necesarias para la absorción de las vitaminas A y D y el calcio (que son solubles a las grasas). Es importante no eliminarlas por completo de la dieta. Por esa razón, es mejor emplear leche entera para niños en edad de crecimiento y para aquellas personas preocupadas por la osteoporosis; incluidas las mujeres menopáusicas y los ancianos.

Sopas

Hay sopas de toda clase, ya sea las que se toman como un primer plato ligero en una comida o las sopas espesas y con textura, que incluyen trozos de verdura, granos y legumbres, que resultan en sí mismas una comida completa. En invierno, bien calientes, pueden aumentar sus propiedades calóricas con abundante cebolla, ajo, puerro y especias picantes. En verano, las sopas de pepino, lechuga y aguacate son refrescantes si son consumidas frías o enfriadas y condimentadas con hierbas aromáticas ligeras, como la menta o el cilantro. Las sopas serán siempre más sabrosas y nutritivas cuando se prepararen con caldo natural de verdura o de pollo.

Ingredientes

Cuando compre los ingredientes crudos para sus preparaciones, es importante que éstos sean los de mejor calidad que pueda encontrar. Cuanto más fresco sea el producto, más rico será el valor nutritivo. La cantidad de ciertos nutrientes –por ejemplo, las vitaminas A y C, y el ácido fólico– disminuye durante el almacenamiento, por lo tanto compre cantidades pequeñas de fruta y verdura cada vez, y empléelas sin pérdida de tiempo. Si desea preparar bebidas con ingredientes que no son de estación, es posible usarlos congelados, en lata o secos, aunque en algunos casos pueden resultar inferior el gusto y los valores nutritivos y energéticos. En el caso de la fruta enlatada, se prefiere aquélla conservada en zumo de fruta o agua y no en almíbar espeso. Para las frutas secas, busque las que se hayan secado al sol y no en azufre, aunque tal vez su aspecto sea poco atractivo; algunas personas pueden ser alérgicas al azufre.

Siempre que sea posible, emplee frutas y verduras orgánicas, para evitar el riesgo de un problema de salud relacionado con los pesticidas. En el caso de casi todos los productos orgánicos, será innecesario quitar las pieles. Vale la pena observar que muchos nutrientes vitales están debajo de la piel; tal es el caso de la patata y la manzana. Escoja fruta madura: tendrá sabor más dulce y textura más suave para preparar sus zumos y licuados.

Las bebidas sin alcohol son novedosas para mejorar su aspecto y sentirse de maravillas. Las recetas del libro no representan alternativas aburridas para abstemios o fanáticos de la salud, sino que fueron seleccionadas para estimular los sentidos y las papilas gustativas y, al mismo tiempo, mejorar la salud y la vitalidad. Estas bebidas –vigorizadas con una variedad de hierbas y especias– tienen abundancia de ingredientes que nos harán sentir en la cima del mundo, pero que también mejorarán el proceso de curación cuando no nos sintamos en plenitud. Vitaminas, minerales y oligoelementos, proteínas, ácidos grasos esenciales, carbohidratos complejos y una gama completa de fitoquímicos terapéuticos están todos presentes, desempeñando un papel principal en bebidas deliciosas con las que podemos hacer de verdad un brindis por nuestro bienestar. ¡A su salud!

1

ingredientes básicos

ingredientes básicos

Manzanas, peras, limones y albaricoques/damascos/chabacanos, zanahoria, remolacha/beterraga, col/repollo, pepino y espinaca, cebada, avena, yogur y almendras son algunos de los alimentos básicos para preparar la mayoría de las bebidas de este libro. Han sido escogidos por una cantidad de buenas razones. No son ingredientes desconocidos ni difíciles de conseguir; en realidad, es normal encontrarlos en la cocina y la huerta de casi todos los lectores. Combinados y condimentados con hierbas aromáticas y especias, no sólo sabrán bien; serán deliciosos. El hecho que las bebidas del libro sirvan para mejorar la salud, no implica necesariamente que deban tener el gusto de una medicina.

Los carbohidratos –fuente principal de energía– se encuentran en frutas y albuminosas como la avena, la cebada y la zanahoria. La fibra soluble de esos granos, frutas y verduras retarda la digestión en el estómago y el intestino, permitiendo de esa forma un flujo continuo de energía, a medida que los alimentos son digeridos y absorbidos. Ayuda a mantener un nivel estable de azúcar en la sangre y se ha comprobado que baja el colesterol; se cree que esto último disminuye el riesgo de hipertensión y enfermedades cardiacas.

Las vitaminas y minerales son fundamentales para todas las funciones del organismo y sólo pueden obtenerse de lo que comemos y bebemos. La complejidad de las interacciones entre vitaminas y minerales, como también de otros componentes vitales de los alimentos, se logra en la naturaleza mediante una dieta rica en nutrientes. Ese mismo resultado no se consigue con la ingestión diaria de suplementos artificiales en forma aislada. Muchas de las frutas y verduras descritas en este capítulo contienen antioxidantes, sustancias que evitan la oxidación en el cuerpo con la consiguiente eliminación de los peligrosos radicales libres. (Los radicales libres contribuyen a las enfermedades cardiacas, el cáncer, las enfermedades degenerativas, la inmunodeficiencia y la aceleración de los procesos de envejecimiento.) Las vitaminas A, C y E, el selenio y muchos carotenos y flavonoides –todos antioxidantes– han demostrado ser mucho más beneficiosos cuando provienen de alimentos naturales y no cuando se ingieren en forma de suplementos dietarios.

Las hierbas y especias incluidas en este capítulo se escogieron por ser versátiles y por mejorar deliciosamente el sabor de los ingredientes a los que acompañan en estas recetas de bebidas. Por si esto no bastara, hierbas como la albahaca, el cilantro, la canela, el jengibre, el ajo, el ginséng, el limoncillo, el tomillo y el romero, son algunas de las tantas reconocidas por sus valores terapéuticos. Desde tiempos inmemoriales, chamanes, médicos, boticarios y herboristas reconocieron por igual los beneficios para la salud derivados de otros muchos componentes terapéuticos contenidos en ellas, como aceites volátiles, taninos, amargantes, saponinas, mucílagos y flavonoides.

zanahoria *Daucus carota*

"Algunos proclaman que el ginséng es lo supremo
El procreador milagroso
Pero las zanahorias cuestan mucho menos
y tienen mejor sabor."
James Duke, botánico norteamericano,
contemporáneo

La sencilla zanahoria es un depósito de nutrientes, vitaminas antioxidantes A, B y C, y minerales valiosos como el hierro, calcio y potasio. La ingestión regular de zanahoria aporta un reconstituyente maravilloso, en especial para los que se sienten débiles o los que deben recuperarse de una enfermedad o del estrés. En niños y adolescentes, estimula el crecimiento y la vitalidad, además ayuda al desarrollo sano de los tejidos y la piel. El contenido de hierro aumenta los niveles de hemoglobina y combate la anemia; la presencia de betacaroteno es excelente para promover una buena visión durante la noche y para el cuidado general de los ojos. Investigaciones recientes han señalado que el betacaroteno puede inhibir el desarrollo de tumores, en particular aquéllos relacionados con el cáncer de pulmón –consecuencia del tabaco– y de páncreas.

La zanahoria se cultivó por primera vez en Afganistán y en Oriente Próximo, y fue muy reconocida por nuestros ancestros. Los antiguos griegos la usaban, en especial Hipócrates en 430 a.C., como tónico para el estómago y, más tarde, Galeno como remedio para las flatulencias. En Creta –durante la dominación romana– se empleaban semillas de zanahoria en el entonces famoso "mitridato" que protegía el cuerpo contra los efectos de toda clase de venenos. En la década de los sesenta, científicos rusos extrajeron y aislaron un ingrediente, llamado daucarina, que demostró dilatar los vasos sanguíneos, especialmente los de la cabeza, y brindar protección contra la hipertensión arterial y las enfermedades cardiacas. En Rusia, se recomienda ingerir cada día unas cucharadas de zumo de zanahoria fresca con miel y un poco de agua para curar la tos y el resfrío.

La zanahoria –reconocida por sus propiedades digestivas– merecidamente recibió el título de "gran amiga del intestino". En sopas y zumos, la zanahoria ayuda a regular y promover el funcionamiento normal de los intestinos; es un buen remedio para el estreñimiento y la diarrea. La sopa hecha sólo de zanahoria puede darse a los lactantes para tratar la diarrea aguda y los problemas digestivos. Un ayuno a base de zumo de zanahoria es una terapia reconocida para la desintoxicación del hígado *(véase p. 149 para más información sobre ayuno con zumos);* en Francia, la zanahoria es un remedio popular para los problemas hepáticos, de vesícula y de vejiga. Un vaso de zumo de zanahoria, media hora antes del desayuno, puede expulsar parásitos y es excelente como remedio para los oxiuros en los niños.

Cualidades terapéuticas

• La zanahoria estimula el apetito y mejora la secreción de los jugos gástricos. Es un buen remedio para flatulencias, cólicos, colitis, colon irritable, infecciones intestinales y úlcera péptica.

• El efecto diurético de la zanahoria ayuda a aliviar la retención de líquido y la cistitis. Su efecto desintoxicante es útil en el tratamiento de eczemas y acné; puede ayudar en los problemas de artritis y gota.

• Sus propiedades expectorantes ayudan a licuar y expectorar las flemas acumuladas en el pecho, en casos de tos, bronquitis y asma.

• Sus propiedades antisépticas ayudan a evitar y tratar las infecciones bacterianas y virales, incluidas las enfermedades respiratorias e infantiles, como sarampión y varicela.

• Sus antioxidantes aumentan las defensas del sistema inmunológico y evitan los daños provocados por los radicales libres; protegen contra las enfermedades degenerativas, en especial en el corazón y la circulación.

• Una o dos zanahorias cada día pueden bajar el contenido de colesterol en la sangre, en más o menos un 10 por ciento; ayuda a evitar la hipertensión y las enfermedades cardiacas.

Remítase a
sopa marroquí de zanahoria, p. 53
zumo de col y zanahoria, p. 75
zumo de zanahoria y romero, p. 83
depurativo húngaro de remolacha y zanahoria, p. 100
sopa danesa de zanahoria y eneldo, p. 107

cebolla *Allium cepa*

A menudo, se reconoce a la cebolla como "la reina de las verduras" por su sabor intenso, la versatilidad culinaria y las poderosas propiedades antisépticas. Rica en vitaminas A, B y C, es una fuente importante de calcio, fósforo, magnesio y hierro. Cruda, es un buen estimulante digestivo y tónico para el hígado; cocida, puede ayudar a aliviar las flatulencias y los problemas de estreñimiento crónico. La infusión de piel de cebolla hervida alivia los síntomas desagradables de la diarrea.

La cebolla –pariente cercana del ajo– fue venerada en el Egipto antiguo como símbolo de la vitalidad y como el remedio que todo lo cura. Se han encontrado registros que se remontan a 4000 a.C. y que revelan el uso de la cebolla en ritos religiosos y tratamientos terapéuticos. Sus cualidades antisépticas demostraron ser efectivas para las enfermedades infecciosas, como el tifus, el cólera y las pestes. Durante la segunda guerra mundial, se emplearon los vapores de la pasta de cebolla para calmar el dolor y acelerar la cicatrización de las heridas de los soldados.

Las bebidas que curan a base de cebolla pueden prepararse en una amplia gama de formas: infusión, sopa, vino, decocción, almíbar y zumo. Puede emplear cualquier variedad de cebolla redonda, pero no las cebollas para encurtir/conservar en vinagre. Si le gusta la cebolla picante y fuerte, pruebe las variedades más pequeñas; son las que hacen lagrimear al cortarlas. La cebolla valenciana/colorada y la italiana es más suave que las demás y con frecuencia de sabor dulce. Las variedades blanca y amarilla pierden un poco de sabor cuando se calientan y preparan en infusión con otros alimentos dulces.

Siempre que compre cebollas redondas, compruebe que estén firmes y sean uniformes. Si la piel fina de color rojizo o pálido está arrugada o si la parte superior está blanda, es posible que no esté en buen estado. Normalmente, las cebollas con brotes verdes han pasado su mejor momento.

"Dejad que los átomos de cebolla se insinúen en el tazón, Y, apenas insinuados, den vida a la combinación."
Receta para una ensalada, Lady Holland, 1855

Cualidades terapéuticas

• La cebolla cruda es altamente antiséptica; ataca las bacterias infecciosas, incluso la *E. Coli* y la salmonela; es efectiva contra la tuberculosis y las infecciones del aparato urinario, como la cistitis.

• El sabor picante de la cebolla aumenta la circulación sanguínea y provoca sudoración; es útil cuando hace frío y hay humedad para proteger contra las infecciones, bajar la fiebre y curar resfríos y gripe.

• El zumo de cebolla es excelente para aliviar dolores de garganta, faringitis, rinitis, resfríos, catarros y sinusitis, pues ablanda la congestión de las mucosas.

• Las propiedades diuréticas y depurativas de la cebolla pueden contrarrestar la retención de líquidos, la arenilla en el aparato urinario, la artritis y la gota.

• Los efectos desintoxicantes de la cebolla alivian el cansancio y agotamiento.

• Media cebolla cruda por día puede bajar significativamente el colesterol de baja densidad en lipoproteínas y contribuir a evitar el infarto de miocardio. Tanto cruda como cocida, la cebolla baja la tensión arterial, disuelve los coágulos, licúa y depura la sangre eliminando grasas nocivas para la salud.

Remítase a
vino de cebollas, p. 81
sopa francesa de cebolla, p. 87

limón *Citrus limon*

El limón ácido y refrescante da sabor a casi cualquier bebida, a la vez que transmite al cóctel saludables propiedades para depurar y mejorar el sistema inmunológico. Es una buena fuente de vitamina C; vital para protegerse contra infecciones y acelerar el proceso de curación. El limón también contiene vitaminas A y B y bioflavonoides –todos antioxidantes importantes que retardan el proceso de envejecimiento– y limoneno, sustancia que aparentemente bloquea la acción de elementos químicos que producen cáncer. Las pectinas de la pulpa del limón bajan el colesterol y ayudan a proteger contra las lesiones arteriales.

Originario del norte de la India, el limón fue reverenciado por los romanos que lo consideraban un antídoto para todos los venenos –aun las picaduras de serpiente–, en reconocimiento por los excelentes efectos desintoxicantes que ejerce en el organismo. Se han encontrado imágenes de limones en uno de los mosaicos famosos de Pompeya. Para evitar que la gente de mar sufriera el escorbuto, desde 1700 en adelante, los barcos ingleses que zarpaban de puertos extranjeros debían por ley llevar una provisión de zumo de limón o de lima. Los marineros británicos fueron conocidos de ahí en más como "limeys".

Una buena forma de comenzar el día es beber limón en agua caliente, una hora antes de comer; el zumo de limón recién exprimido es un excelente depurativo. Estimula la circulación de bilis en el hígado –el gran órgano desintoxicante del cuerpo– ayudando a digerir las grasas. Con aceite de oliva, el zumo de limón contribuye a disolver los cálculos vesiculares. También es un remedio tradicional contra la resaca. En una taza de agua caliente con miel y tres clavos, actúa como descongestivo en resfríos, catarros y sinusitis, y es un expectorante suavizante de la tos. Un poco de zumo de limón en agua fría resulta una bebida refrescante para calmar la sed en un día caluroso de verano o para bajar la fiebre o ayudar a combatir una infección.

Las limas pueden emplearse como alternativas del limón; además, son menos amargas.

"Los limones, empleados para condimentar hojas de col y otras verduras insípidas, pueden colgarse en prendas usadas o nuevas y así protegerlas contra el ataque de polillas y otros predadores."
Leonardo da Vinci, artista italiano del siglo XVI

Cualidades terapéuticas

• Excelente antiséptico para evitar resfríos, tos, dolores de garganta y gripe.

• Ejerce un efecto refrescante en cuadros febriles, porque estimula la sudoración y actúa como descongestivo del sistema respiratorio.

• Ayuda a neutralizar el exceso de ácidos en el estómago y protege las mucosas del aparato digestivo, aliviando problemas como hipo, acidez estomacal, náuseas, estreñimiento, hemorroides y parásitos.

• Su acción diurética acelera la eliminación de líquidos y toxinas a través de los riñones y la vejiga. Es bueno contra la retención de líquidos y la artritis.

• También, el zumo de limón actúa como antiséptico del aparato urinario; excelente para el tratamiento de las infecciones de vejiga y riñones.

• Tiene efecto antiséptico en los intestinos, evitando infecciones estomacales e intestinales, incluida la diarrea del viajero. Ayuda a la eliminación de desechos.

Remítase a
infusión malaya de jengibre y limón, p. 63
limonada con especias, p. 77
almíbar isabelino de romero y limón, p. 89

toronjil

Melissa officinalis

Las hojas dulces con sabor a limón del toronjil/melisa son un agregado excelente a copas de fruta, vinos y zumos, en tanto que en una infusión fría resultan refrescantes en un agobiante día de verano. El toronjil es un remedio maravilloso para los nervios; calma la tensión y ansiedad, mejora el estado de ánimo y devuelve la energía cuando nos sentimos cansados y agotados. Por sus efectos relajantes, el toronjil es un remedio excelente para aliviar dolores de cabeza y migrañas. Asimismo, tomado con regularidad es muy bueno para solucionar los trastornos digestivos relacionados con el estrés: falta de apetito, náuseas, cólicos, colitis, colon irritable y gastritis; una infusión ligera calmará los dolores de vientre nerviosos en los niños.

Durante más de 2.000 años, el toronjil fue un ingrediente favorito para muchos, como elixir de vida; especialmente popular con el médico árabe del siglo once, Avicena. A lo largo de siglos, fue el remedio usado para aliviar la melancolía y el letargo, para fortalecer la memoria y recuperar la "vitalidad" de la juventud. Los monjes de la Edad Media agregaban toronjil a los "cordiales" creados para "confortar el corazón", fortificarlo y elevar el estado de ánimo. El agua de las carmelitas –preparación muy conocida en el siglo XVII de las monjas carmelitas, como reconstituyente y para aliviar dolores de cabeza y neuralgias provocadas por los nervios– combinaba toronjil con piel de limón, nuez moscada y raíz de angélica.

Pueden emplearse indistintamente las variedades de hoja verde, dorada y disciplinada. La infusión caliente de toronjil es la bebida perfecta para alguien en época de exámenes. En realidad, solía llamarse, "hierba de los estudiantes" al toronjil. Estimula la energía mental, mejora la concentración y memoria; al mismo tiempo calma los nervios. Caliente, como en la infusión de flor de tilo y toronjil, baja la fiebre porque estimula la sudoración. Unas pocas hojas pueden ponerse en bebidas, como en la Copa frutal de borraja y toronjil, para aliviar el dolor de un corazón herido, o en forma de exquisita guarnición.

Cualidades terapéuticas

• Las bebidas calientes de toronjil alivian la fiebre, la congestión catarral y la sinusitis.

• La acción antivirósica del toronjil es efectiva contra la gripe, el herpes simplex y las paperas.

• La acción antibacteriana y antihistamínica hace que el toronjil sea un remedio excelente para infecciones y alergias; incluida la fiebre del heno, eczemas e inflamaciones oculares.

• Reduce los niveles de ansiedad y depresión por su influencia en el cerebro, en lo relativo al estado de ánimo y el temperamento.

• Es una bebida relajante por las noches para aquellas personas que no pueden conciliar el sueño o para calmar a los niños a la hora de dormir.

• Por su afinidad con el corazón, el toronjil calma las palpitaciones nerviosas y puede ayudar a bajar la hipertensión arterial.

• En el aparato reproductor, el toronjil alivia espasmos y dolores menstruales. La infusión de toronjil durante las últimas semanas del embarazo puede aliviar los dolores de parto.

Remítase a
infusión de flor de tilo y toronjil a la francesa, p. 86
tisana provenzal de espliego y toronjil, p. 130
copa frutal de borraja y toronjil, p. 143
infusión de toronjil, p. 146

cilantro

Coriander sativum

El sabor único de la hoja de cilantro, o coriandro, es delicioso para muchas personas, aunque no para todas –en griego, la palabra coriandro deriva de *koris* (chinche), por su sabor y aroma desagradables. Las hojas de cilantro fresco son altamente populares en las cocinas de Tailandia, Marruecos, México, China, Indonesia, África y Sudamérica, donde el efecto refrescante crea un equilibrio excelente en los platos muy picantes. En la medicina ayurvédica, las hojas y semillas de cilantro se emplean para curar el exceso de *pitta* (fuego) y para aliviar problemas relacionados con el calor, como inflamación de las articulaciones, problemas digestivos y urinarios, conjuntivitis y sarpullidos. Las hojas frescas son ricas en vitaminas antioxidantes A y C, como también niacina, calcio y hierro, que actúan para aumentar las defensas inmunológicas, proteger contra las enfermedades degenerativas y retardar el proceso de envejecimiento.

El cilantro –originario del sur de Europa y el oeste de Asia– fue una de las primeras hierbas empleadas en la cocina y la medicina. Ya se la mencionaba en textos sánscritos que se remontan a casi 7.000 años y se encontraron semillas en las tumbas egipcias de 3.000 años de antigüedad, incluida la de Tutankamón. En China, durante la dinastía Han (207 a.C. 220 d.C.), las semillas de cilantro gozaban de una reputación de afrodisíacas. Los romanos llevaron el cilantro a Europa occidental e Inglaterra donde, en las bodas de la época medieval, con las semillas se preparaba una bebida que se daba a beber por sus propiedades energizantes y afrodisíacas y por ser un digestivo.

Las hojas frescas de cilantro picadas son deliciosas en sopas y zumos de verdura; se combinan muy bien con tomates, pepinos, aguacates/paltas y lechuga. Sus propiedades digestivas son excelentes para evitar y curar las flatulencias y la indigestión. Las semillas y hojas de cilantro ayudan a combatir la modorra característica después de una comida pesada y, en sopas y decocciones calientes, estimula la energía y vitalidad, y ayuda a bajar los efectos tóxicos del alcohol. El zumo o la infusión de hoja de cilantro alivia el escozor de los sarpullidos y otras alergias, como la fiebre del heno.

Cualidades terapéuticas

• El aceite volátil de las semillas es antibacteriano y ayuda a combatir la infección, en especial del aparato digestivo. Es un buen remedio para la diarrea y la gastroenteritis.

• En infusiones calientes, las semillas pueden emplearse para estimular la sudoración y bajar la fiebre; también, para quitar el sarpullido en infecciones eruptivas como el sarampión y la varicela.

• Al estimular el sistema inmunológico y actuar como descongestivo, el cilantro (en especial las semillas, en infusiones calientes) ayuda a curar resfríos, gripe, tos y catarro.

• El cilantro es un excelente antiespasmódico y digestivo, que estimula el apetito y mejora la absorción. Una infusión de semillas machacadas contribuye a aliviar las náuseas, los cólicos y la acidez estomacal. Con frecuencia, las semillas combinadas con laxantes evitan cualquier dolor que esos malestares puedan provocar.

• La hoja y la semilla son relajantes y pueden aliviar dolores de cabeza y trastornos digestivos –incluidas la gastritis y la úlcera péptica– producidos por el estrés.

• El efecto relajante del cilantro ayuda a aliviar los dolores menstruales; los árabes solían emplearlo en la antigüedad para calmar los dolores de parto.

Remítase a
calmante peruano, p. 82
almíbar de col y cilantro, p. 85
calmante romano, p. 89

*"Obsérvese que el zumo de cilantro en las fosas nasales inhibe la hemorragia de nariz...
Y el cilantro es efectivo para las palpitaciones del corazón cuando se suministra en polvo con agua de borraja."*
The Herbarius Litnus, manuscrito alemán de 1484

cebada *Hordeum vulgare*

Este modesto grano tiene un gran poder para fortalecer y recuperar energías. Es muy nutritivo y de fácil digestión, contiene mucho calcio, potasio, proteínas y vitaminas del complejo B y E. Alivia los dolores y la inflamación de los aparatos respiratorio, digestivo y urinario.

Los médicos de la Grecia y Roma antiguas reconocieron los efectos calmantes de la cebada porque aliviaba la inflamación del aparato digestivo; además, poseía beneficios nutritivos al aumentar la fuerza y el vigor. En Inglaterra, el agua y las gachas de cebada fueron populares en la época victoriana; se administraba a los pacientes durante la enfermedad, el cuadro febril y la convalecencia para acelerar la recuperación y renovar la salud y energía del enfermo.

El agua de cebada es un antiguo remedio europeo para humedecer las mucosas de los pulmones, en afecciones del pecho y en caso de tos áspera, seca y nerviosa. También, es un remedio excelente para aliviar la cistitis. La sopa y las gachas de cebada son buenas para combatir las flatulencias y los cólicos, la diarrea, aunque también el estreñimiento, y para la falta de apetito y la mala digestión. En una receta tradicional inglesa, la cebada se cuece con pasas de uva, pasas de Corinto o ciruelas secas para preparar un suculento caldo. En Holanda, cocida en suero de mantequilla y endulzada con melaza, se le daba a los criados y los niños para mantener la vitalidad.

La cebada sin refinar, conocida como integral y que se consigue en tiendas de alimentos naturales, es preferible a la cebada perlada, porque cuando a ésta se le quita la cáscara es menos nutritiva. La cáscara es rica en sustancias que ayudan a bajar el nivel de colesterol, porque inhiben la síntesis del colesterol en el hígado.

Cualidades terapéuticas

• Tónico para los nervios que reduce el estrés y la fatiga, alivia la ansiedad y mejora el estado de ánimo. Excelente alimento para la convalecencia, porque aumenta la fuerza y la energía.

• Remedio calmante y antiinflamatorio para ayudar a aliviar problemas como tos áspera, seca o irritante, gastritis, divertículos, colitis ulcerosa y cistitis.

• Estimula la función cardiaca y ayuda a estabilizar la tensión arterial. Protege contra las enfermedades arteriales y cardiacas.

• Contiene sustancias inhibidoras de la enzima proteaza; se cree que esta enzima combate agentes cancerígenos en el aparato digestivo.

• Buen remedio para la diarrea y el estreñimiento; también para restaurar la flora intestinal; excelente después de usar antibióticos y para la candidiasis.

Remítase a
gachas para gladiadores, p. 57
agua inglesa tradicional de cebada, p. 122

avena *Avena sativa*

La avena –dulce y nutritiva– es el tónico perfecto para el rejuvenecimiento. Rica en proteína, minerales (calcio, magnesio, potasio, silicio y hierro) y vitamina A, es un excelente alimento energético para la gente activa y para aquel que se sienta debilitado y cansado. En los niños, es una fuente de nutrientes vitales para que crezcan con huesos y dientes sanos, y es un buen tónico para los nervios, especial para los que sufren de ansiedad, depresión y agotamiento nervioso. La fibra de la avena produce deposiciones de mayor volumen y acelera su paso por los intestinos. Por esa razón, es un buen tratamiento para las personas con estreñimiento y hemorroides.

Las bebidas y gachas de avena con especias, limón, azúcar y hasta vino gozaron de popularidad durante siglos para fortalecer a los enfermos crónicos, los ancianos, los convalecientes de una enfermedad y las mujeres después del parto. Originaria de Europa oriental y occidental, la avena llegó a Gran Bretaña en la Edad de Hierro. En la Inglaterra del medioevo, los monjes tostaban granos para preparar laxantes especiales en el tratamiento de la estreñimiento. También, se prescribía para el insomnio, la pérdida del apetito y la debilidad. En la Italia renacentista, la avena en forma de gachas se comía más que cualquier otro alimento; se dice que a Leonardo da Vinci le encantaba la avena. A principios del siglo xx, la infusión de avena ganó reputación en la lucha contra la adicción al opio y el tabaco. Hoy, los herboristas emplean la avena para ayudar a las personas que dejan de tomar tranquilizantes y antidepresivos. La avena no sólo tranquiliza y produce energía, además relaja y ayuda a conciliar el sueño.

La variedad *Avena sativa* –avena cultivada a partir de la variedad silvestre– se consigue en tiendas de productos naturales en forma de harina y copos; en los supermercados también se vende en copos. Puede beberla en decocciones, sopas y gachas. Se digiere con facilidad y puede tomarse como remedio para aliviar irritaciones del aparato digestivo, como colon irritable, divertículos y gastritis.

Cualidades terapéuticas

- La fibra de la avena baja significativamente el colesterol en sangre, si se ingiere con frecuencia y reduce la hipertensión arterial, ayudando a combatir las enfermedades cardiovasculares.
- Al reducir el tiempo en que los agentes cancerígenos y las sustancias irritantes están en contacto con las paredes intestinales, la avena puede ayudar a proteger contra el cáncer de colon.
- La avena ejerce un efecto regulador sobre las hormonas del organismo; en especial, las sexuales y la tiroides. Por eso, puede ayudar a reducir la incidencia de problemas menstruales y ginecológicos e incluso el cáncer de mama.
- Por su capacidad para bajar el nivel de azúcar en la sangre, la avena es un alimento excelente para los diabéticos.

Remítase a
cuajada tradicional inglesa de avena y ciruelas secas, p. 54
antigua poción inglesa de avena, p. 68
laxante escocés de avena y canela, p. 115

"Se hace una sopa de un caldo en el cual se remoja la carne, con hierbas picadas, avena y sal."
Piers el Labriego, de Langland, siglo xiv

almendra

Prunus amygdalus var. *dulcis*

La almendra dulce es venerada en todo el mundo por su sabor y versatilidad. El contenido rico de proteínas, aceites, vitaminas y minerales hace de las almendras un alimento ideal en tiempos de crecimiento, durante la infancia y adolescencia, en momentos de mucho trabajo y estrés y durante una convalecencia. Las altas cantidades de potasio, calcio y magnesio nutren el corazón y el cerebro, y brindan apoyo al sistema nervioso, mejorando la rapidez mental, la concentración y la memoria, y minimizando los efectos negativos de las tensiones. El fortalecimiento corporal que produce es ideal para optimizar la vitalidad de personas deportivas y de mucha actividad, pues aumenta la energía en aquellos que se sienten cansados y sin fuerzas; además, incrementa la potencia sexual.

El almendro dulce –pariente del melocotón/durazno y de la ciruela– es originario del Mediterráneo oriental. Los romanos cultivaban almendras y las comían saladas en sus comidas, para evitar la ebriedad. Los árabes las descubrieron cuando conquistaron Persia y las introdujeron en zonas que ahora son famosas por sus postres con almendras, como Sicilia y España. En el siglo XVII, se emplearon las almendras en Europa como remedio para bajar la fiebre y aliviar la tos y también para tratar los cálculos renales. Mientras tanto, el amor que los mogoles musulmanes sintieron por las almendras ejerció influencia en la cocina hindú; la tradición oriental de comer golosinas almendradas y beber leche de almendras proviene de aquella época.

La leche de almendras (almendras molidas mezcladas con agua) es una alternativa deliciosa de la leche de vaca; ejerce un efecto calmante y antiinflamatorio en todo el cuerpo. En el aparato digestivo, alivia la acidez e indigestión; en el aparato respiratorio, puede calmar la tos seca y en el aparato urinario, alivia el ardor y la cistitis. La acción relajante de las almendras aplaca las tensiones y los espasmos, y puede reducir los cólicos, las flatulencias, el falso crup y los dolores menstruales. Procure no comer almendras que no estén maduras, pues contienen compuestos que producen el cianuro de hidrógeno, que es un gas venenoso.

> *"El aceite recién prensado de las almendras dulces mitiga el dolor y todo tipo de dolencia; por lo tanto es bueno para tratar la pleuresía y los cólicos."*
> John Gerard, boticario inglés del siglo XVI

Cualidades terapéuticas

• Las almendras contienen principalmente grasas monoinsaturadas, efectivas para bajar el colesterol malo y proteger contra las lesiones cardiacas y arteriales. También, la vitamina E ayuda a prevenir las enfermedades cardiacas.
• Las vitaminas B y E y una cantidad de minerales hacen de las almendras un tónico valioso para los nervios y la nutrición del cerebro. Excelente para las personas sometidas a mucha presión, porque ayuda a aliviar la tensión y la ansiedad, y asegura un sueño tranquilo.
• En bebidas, especialmente leche, las almendras son fáciles de digerir y representan una alternativa nutritiva de la leche materna en el momento del destete del lactante.
• Las propiedades calmantes y relajantes hacen de las almendras un buen remedio para los problemas digestivos relacionados con el estrés, en tanto que por su efecto laxante ayudan a aliviar el estreñimiento.
• La vitamina E y el calcio de las almendras reducen los síntomas de la menopausia y contribuyen a prevenir la osteoporosis.
• Los antioxidantes como el selenio y la vitamina E aminoran el proceso de envejecimiento y protegen contra la artritis y las enfermedades cardiacas.

Remítase a
leche de almendras, p. 67
regulador griego de almendras, p. 101
sueño norteamericano de papaya y almendras, p. 110
licuado serenidad, p. 135

remolacha *Beta vulgaris*

La remolacha/beterraga de textura suave, suculenta, de color rojo intenso, es difícil de superar como tónico altamente nutritivo para el sistema inmunológico. Rica en vitaminas A, del complejo B y C antioxidantes, ácido fólico y minerales (magnesio, hierro y fósforo), proporciona nutrientes vitales para ayudar en la recuperación y reparación, además de proteger contra los estragos causados por el envejecimiento. La riqueza de azúcares de fácil asimilación aporta energía instantánea y da razón a la reputación de la que goza la remolacha como revitalizante y rejuvenecedor. De propiedades similares a la espinaca, las hojas verdes comestibles son ricas en betacaroteno, ácido fólico, calcio y hierro.

El zumo de remolacha, de sabor dulce y textura aterciopelada, es una deliciosa forma de atacar resfríos y gripes durante el invierno. La remolacha tiene propiedades depurativas importantes; la ingestión regular debería hacer que en corto tiempo pueda verse y sentirse de lo mejor. Al estimular las funciones hepática, intestinal y renal, aumenta la eliminación de toxinas y desechos. También, estimula el sistema linfático porque contribuye a la depuración realizada por el sistema inmunológico. Cuando se prepara en forma de bebidas y sopas, como el famoso *borscht* ruso, la remolacha actúa como un buen descongestivo, ayudando a despejar el catarro durante resfríos, tos y gripe. Algunas personas no pueden metabolizar el pigmento rojo de la remolacha y lo eliminan sin consecuencias graves por la orina y las deposiciones, que toman un color rosado intenso.

Cualidades terapéuticas

- La remolacha como laxante suave puede ayudar a prevenir y curar el estreñimiento, los divertículos y las hemorroides.

- Investigaciones recientes indican que las propiedades efectivas de la remolacha sobre el sistema inmunológico y la acción desintoxicante pueden ser beneficiosas en la prevención y tratamiento del cáncer.

- El ácido fólico de las hojas de remolacha proporciona un nutriente vital para las embarazadas.

- Al ser rica en potasio, vitaminas y minerales, la remolacha ayuda a regular la tensión arterial y el ritmo cardiaco, además de fortalecer el sistema nervioso.

- El efecto calmante de la remolacha en el aparato digestivo puede curar trastornos como indigestión, acidez, gastritis y ardor estomacal.

- Como facilita la digestión y absorción, la remolacha alivia los problemas relacionados con la descomposición de los alimentos y la toxicidad, como problemas cutáneos, dolores de cabeza y letargo.

Remítase a
cóctel *borscht* de remolacha, p. 78
depurativo húngaro de remolacha y zanahoria, p. 100
calmante ruso, p. 115

"La remolacha roja es buena para detener el flujo sanguíneo, la menstruación y palidez de las mujeres, y para ayudar contra la ictericia. El zumo de la raíz en las fosas nasales, purga la cabeza, el zumbido en los oídos y el dolor de muelas."
Nicholas Culpeper, herborista inglés del siglo XVII

manzana *Malus communis*

La manzana ácida y refrescante es rica en vitaminas, minerales y oligoelementos. Ayuda a la digestión y regula la acidez estomacal, además de estimular las funciones hepáticas e intestinales, también ejerce una acción depurativa y desintoxicante en el cuerpo. La ingestión regular de zumo de manzana fresco aumentará las defensas contra infecciones y ejercerá una acción antivirósica para controlar resfríos, gripe y otros virus como el herpes simplex.

La reputación de la manzana como panacea tiene buen fundamento. Durante siglos, se ha sabido que las manzanas aceleran la recuperación después de enfermedades y alivia problemas como fiebre, catarro, tos, sinusitis, anemia, ansiedad e insomnio. Los ácidos de las manzanas ayudan a la digestión de proteínas y grasas contenidos en alimentos grasos y pesados; por esa razón, tradicionalmente se come manzana con carne de cerdo y ganso. Tienen un efecto refrescante en el cuerpo, son excelentes para aliviar los problemas inflamatorios y el ardor. Para proteger contra las enfermedades típicas del invierno, estos efectos refrescantes pueden equilibrarse agregando especias, como clavo y canela a las bebidas con manzana. Se dice que la manzana aplaca el apetito, un beneficio extraordinario para aquellos que hacen dieta.

Los romanos conocían alrededor de 22 variedades de manzana; hoy, existen aproximadamente 2.000. Prepare las bebidas con manzanas deliciosas, en lugar de las ácidas para reducir la necesidad de azúcar. El zumo de manzana fresco es delicioso y combina bien con otros zumos de frutas y verduras. Cuando las manzanas se cocinan con especias, como jengibre, canela, clavo y cardamomo, resultan exquisitas bebidas calientes para otoño e invierno.

Cualidades terapéuticas

• Las manzanas pueden aliviar problemas como indigestión, acidez, gastritis, úlcera péptica y colon irritable; también, son beneficiosas para el hígado. Por su acción astringente, ayudan a parar la diarrea.

• La pectina de las manzanas ayuda a aumentar el volumen de las deposiciones, por ello ejerce un efecto laxante en las personas que sufren de estreñimiento.

• La pectina también desintoxica; se liga con metales tóxicos como el mercurio y el plomo en el cuerpo y los expulsa a través de los intestinos.

• Al ayudar a la eliminación de líquidos y toxinas, las manzanas son buenos depurativos para las personas con gota, artritis, retención de líquido y problemas cutáneos; puede ayudar a aliviar los síntomas de la resaca.

• Las manzanas ayudan a regular los niveles de azúcar en la sangre y son un buen alimento para los diabéticos. También, contribuyen a bajar el colesterol en sangre y la tensión arterial.

Remítase a
adelgazante de manzana y albaricoque, p. 50
zumo de zanahoria y manzana, p. 52
cuajada tradicional inglesa de avena y ciruelas secas, p. 54
tónico frutal norteamericano, p. 64
infusión de grosellas negras y manzanas, p. 87
infusión de manzana y canela a la francesa, p. 141

col *Brassica*

"Médico de los pobres" y "regalo del cielo" son las alabanzas de los días en que la col/repollo era reconocida como panacea para todas las enfermedades. De alto contenido de fibra, baja en calorías, rica en vitamina C y buena fuente de flavonoides, potasio, ácido fólico y vitaminas B, esta verdura tiene la maravillosa cualidad de desintoxicar el cuerpo, limpiar la piel, renovar la energía y estimular la sensación de bienestar.

Por extraño que pueda parecer, los antiguos egipcios construyeron un templo en honor de la col. Los griegos fueron más allá y dictaron una ley que penalizaba con la muerte el robo de coles. Aparentemente, fue Pitágoras el que promovió la práctica de comer coles crudas todos los días, especialmente para curar desórdenes nerviosos y mentales. Las culturas antiguas tampoco tardaron mucho en descubrir el poder de la col para combatir los efectos debilitantes de dolores de cabeza y resacas.

Los zumos y las sopas son la mejor forma de probar las propiedades terapéuticas de la col, ya sea las variedades verde, blanca, roja, de Saboya o china. La col cruda mezclada en un zumo es muy beneficiosa, en particular para las úlceras pépticas. Sin embargo, el zumo puede producir gases en el intestino, provocando inflamación o flatulencias. La col roja, o lombarda, tiene principalmente vitamina C, en tanto que la variedad Saboya es una fuente más rica de betacaroteno, precursor de la vitamina A. La col contiene azufre, de ahí el aroma característico durante la cocción. Cuando ponga col en una sopa, eche en el agua un mendrugo de pan del día anterior para eliminar el olor. Agregue un poco de zumo de limón y una especia aromática, como el comino, para complementar el sabor de la col.

Compre sólo coles que tengan aspecto fresco con hojas crujientes, cabezuelas firmes y buen color. Evite las que presenten hojas marchitas, cabezuelas cuarteadas o las que estén dañadas por insectos.

Cualidades terapéuticas

- La col estimula el sistema inmunológico y la producción de anticuerpos; es un remedio excelente para combatir las infecciones bacterianas y virales, como resfríos y gripe.
- El contenido de azufre de la col probablemente es el responsable de la acción antiséptica, antibiótica y desinfectante, especialmente en el aparato respiratorio.
- El zumo de col cruda estimula la curación de úlceras, tanto internas como externas. Las sustancias mucilaginosas protegen las mucosas del aparato digestivo contra irritaciones, y un aminoácido –la metionina– acelera la curación.
- Los bioflavonoides y las vitaminas antioxidantes A, C y E brindan protección contra la acción de los radicales libres en el daño de tejidos, enfermedades degenerativas y envejecimiento prematuro.
- El zumo de col sirve para hacer gargarismos suavizantes y antisépticos para el dolor de garganta, y un enjuague bucal en caso de úlceras en la boca.

Remítase a
zumo de col y zanahoria, p. 75
almíbar de col y cilantro, p. 85
refresco de col, p. 93
sopa de ortiga y col, p. 133

"Ayer por la noche, bebiste mucho
Así que ahora te duele la cabeza; vé a dormir
Toma col hervida cuando te despiertes
Y será el fin de tu molestia."
Zar Alejandro de Rusia (1629-1670)

canela

Cinnamomum zeylanicum

La canela –la más deliciosa de las especias– es un maravilloso tónico fortificante para calentar y vigorizar el cuerpo y la mente. Remedio perfecto para el invierno, la canela alivia toda clase de problemas relacionados con el frío –mala circulación, resfríos, tos, fiebre y catarro– y le hará sentirse lleno de vida y ágil de mente. Como fortalece el sistema nervioso, la canela puede aumentar la resistencia al estrés de la vida diaria. Es un remedio excelente para eliminar la fatiga y alejar el desgano y la depresión, razón por la cual también reduce la tensión y la ansiedad. El aceite esencial de canela es uno de los antisépticos naturales más fuertes que se conocen. Las propiedades antibacterianas, antivirales y antifúngicas hacen de la canela un muy buen remedio para prevenir y solucionar una gama completa de infecciones crónicas y agudas. Puede ayudar significativamente en el tratamiento de la encefalomielitis miálgica y es excelente para infecciones gastrointestinales; ha demostrado inhibir el desarrollo de la *E. Coli* y el bacilo tifoideo. El eugenol en el aceite actúa como anestésico y ayuda a aliviar el dolor, por ejemplo, en casos de artritis, reumatismo, dolores de cabeza y musculares.

La canela es originaria de India y Sri Lanka, donde ha sido altamente apreciada durante miles de años; en algún momento fue más valiosa que el oro. Se emplea en la medicina ayurvédica para disimular el sabor de otros preparados más desagradables y como expectorante y descongestivo para resfríos, tos y catarro. Asimismo, se suministra para fortalecer el corazón, recuperarse de la debilidad y estimular el *"agni"* o calor en el estómago. Los cruzados la llevaron a Europa occidental, no sólo para aromatizar platos y remedios, sino también para usar en perfumes y pócimas de amor. En la Europa medieval, la canela se recomendaba especialmente como afrodisíaco y remedio para la tos y el dolor de garganta.

Una taza caliente de infusión de canela dulce y exquisitamente aromática es una forma maravillosa de estimular la circulación y provocar sudoración, hecho que hace solucionar la fiebre, gripe y otras infecciones. Mezclada con cardamomo y miel, la infusión de canela fue la base de una bebida caliente, muy popular en la India colonial bajo el dominio británico; era común agregar ron y peladura de limón para preparar el ponche anglo-hindú favorito. Una pizca de canela molida en las bebidas frutales, en especial las de manzana, ayudan a equilibrar una bebida que de lo contrario sería muy refrescante. La canela molida en la leche es una antigua forma inglesa de curar la diarrea y la disentería. En licuados, la canela ayuda a neutralizar los efectos de la leche en la formación de mucosidades.

"Procura aromas finos: seis kilos de mirra pura; la mitad o sea tres, de cinamono aromático, y otros tres de caña aromática... Con todo ello harás el óleo para la unción sagrada."
La Santa Biblia, Éxodo 30

Cualidades terapéuticas

• Las propiedades antimicrobianas de la canela la transforman en un excelente remedio para las infecciones gastrointestinales y una amplia variedad de infecciones respiratorias.

• Al mejorar la digestión y absorción, la canela ayuda a aliviar los problemas de indigestión, cólicos, náuseas y flatulencias. También, demostró ser efectiva en la prevención de úlcera estomacal.

• La acción astringente de los taninos presentes en la canela detiene las hemorragias y resuelve la diarrea y la congestión catarral.

• Las propiedades antifúngicas ayudan a combatir las aftas y la candidiasis sistémica.

• La canela como estimulante circulatorio alivia los síntomas relacionados con el frío.

• Al aumentar la efectividad de la insulina, la canela puede ayudar a evitar la intolerancia a la glucosa, que podría predisponer al principio de una diabetes en los adultos.

• Su acción relajante y astringente en el útero contribuye a aliviar las menstruaciones dolorosas y abundantes. Por sus propiedades vigorizantes, puede aumentar la libido y el desempeño sexual.

Remítase a
tónico chino preventivo de canela y ginséng, p. 65
laxante escocés de avena y canela, p. 115
infusión de manzana y canela a la francesa, p. 141

ginséng

Pannax schinseng (ginséng coreano o chino)

El ginséng –reverenciado en Oriente tanto en la vida como en la leyenda– es el mejor tónico para aumentar la energía y prolongar la vida. En los últimos 50 años, casi 3.000 estudios científicos han demostrado que tiene una asombrosa capacidad para aumentar la resistencia al estrés físico y mental, ya sea provocado por temperaturas extremas, ejercicio físico excesivo, enfermedad, hambre, agotamiento mental o problemas emocionales. El ginséng ha sido descrito como un "adaptógeno", remedio que incrementa la tolerancia a las influencias negativas y ejerce una acción normalizadora en el cuerpo; en tanto que relaja a los que se sienten tensos y ansiosos, es estimulante para aquellos que están cansados o debilitados.

Para los chinos, el *Panax schinseng* es el "rey de los tónicos", el mejor remedio para todos los síntomas asociados con la deficiencia de *qi*, tal es el caso de la debilidad o simplemente la edad avanzada. En la década de los sesenta, investigadores rusos demostraron que el ginséng siberiano, *Eleuthrococcus senticosus*, mejoraba la inmunidad, estimulaba la función nerviosa y el rendimiento mental, incrementaba la fuerza y el apetito, y beneficiaba la circulación sanguínea por las arterias y el cerebro.

Los aborígenes de los EE.UU. han empleado el ginséng americano, *Panax quinquefolius*, durante cientos de años; la tribu de los Seneca se lo daban a los ancianos, en tanto que la de los Penobscots lo prescribían para aumentar la fertilidad femenina. En síntesis, el ginséng americano es más tranquilizante y refrescante que el *Panax schinseng*, aunque aún se lo utiliza mucho para aliviar la fatiga. Fue especialmente apreciado en América para el tratamiento de la tuberculosis y, de forma más generalizada, puede emplearse para fortalecer a alguien convaleciente de una fiebre alta.

La raíz de ginséng se puede preparar en decocciones, vinos y elixires tónicos. Puede tomarse por un plazo corto –3 o 4 meses–, durante un período de estrés físico y mental y también para acelerar la recuperación de una enfermedad o una cirugía. Los ancianos pueden tomar ginséng durante un período más prolongado, para reducir el impacto del proceso de envejecimiento. A pesar de ser considerado una panacea, su aplicación no es universal. Debe evitarse en caso de inflamación aguda y bronquitis, porque en esos casos agrava los síntomas.

"El ginséng aquieta el espíritu, estabiliza el alma, vigoriza el cuerpo y prolonga la vida."
Texto del médico chino Shen Nung, 20 a.C.

Cualidades terapéuticas

• Mejora el rendimiento mental, agudiza la memoria y disminuye la fatiga por aumentar los impulsos nerviosos.

• Eleva el rendimiento físico al inhibir la utilización de glicógeno en el músculo esquelético.

• Trabaja con la insulina para reducir el azúcar de la sangre, elemental para los diabéticos.

• La acción antidiurética disminuye la producción de orina.

• Aumenta la producción de glóbulos blancos y las defensas para protegerse de alergias y enfermedades.

• Ejerce un estímulo en la función sexual de hombres y mujeres.

• Reduce la depresión de la médula ósea en las personas que hacen regímenes de drogas anticancerígenas. Ayuda al hígado a resistir la acción de las hepatotoxinas y la radiación.

• Los antioxidantes protegen el cuerpo contra el deterioro del proceso de envejecimiento y las enfermedades degenerativas.

Remítase a
tónico chino preventivo de canela y ginséng, p. 65
tónico para el cerebro de ginséng y cardamomo, p. 68

pepino *Cucumis melo, Cucumis sativus*

El jugoso pepino, con su sabor maravillosamente refrescante, contiene muchos nutrientes, a pesar de tener un 96 por ciento de agua. Entre sus componentes se encuentran las vitaminas antioxidantes A y C y los minerales como calcio, potasio, manganeso y azufre. El contenido mineral ayuda a prevenir que se cuarteen las uñas y para mantener saludable el cabello, en tanto que el potasio regula la tensión arterial. Por sus bajas calorías, el pepino es un alimento excelente para adelgazar, en tanto que su acción diurética puede ayudar a perder peso cuando existe retención de líquido.

Originario de Oriente, donde durante miles de años se valoraron sus propiedades refrescantes para aplacar la sed en climas cálidos; el pepino fue una de las primeras verduras que se cultivaron. Por mucho tiempo se aprovecharon sus propiedades curativas para bajar la temperatura e inflamación del cuerpo. En India, el pepino se come para aplacar el ardor de estómago y equilibrar las comidas picantes muy condimentadas. El zumo de pepino con agua fue un antiguo remedio popular en Europa para bajar la fiebre. A veces, solía ponerse un pepino al lado de un niño enfermo y aparentemente el calor era absorbido por este vegetal. Gerard, el herborista inglés del siglo XVI, recomendaba el pepino para problemas de inflamación del pecho, exceso de ardor e inflamación estomacal y de la vejiga, y para cualquier inflamación cutánea. No obstante eso, sostenía que los pepinos "llenaban las venas con traviesos humores fríos".

Las bebidas de pepino –ideales para un día de verano– lo mantendrán fresco y le evitarán erupciones y urticaria. El zumo de pepino puede prepararse dejando en reposo rodajas peladas en un bol durante un par de horas, para después colar con un trozo de muselina fina. Con yogur y menta, es un ingrediente delicioso en las sopas y platos fríos del verano que alivian el calor en el aparato digestivo, el ardor y la indigestión, además de combatir infecciones estomacales e intestinales, incluida la de *E. Coli*. Si desea aprovechar al máximo los beneficios nutritivos del pepino, será mejor comerlo con cáscara.

"Para el estado febril que quema con fuerte ardor, las hierbas frías de la huerta pueden devolverle el buen humor."
Tusser, agricultor inglés del siglo XVI

Cualidades terapéuticas

• Las propiedades refrescantes y depurativas del pepino ayudan a eliminar la inflamación en problemas cutáneos, como eczema, también en la inflamación de los ojos.

• La acción diurética del pepino es útil en las infecciones urinarias, como la cistitis, pues hace expulsar la bacteria que puede estar adherida a las paredes de la vejiga. Asimismo, disminuye la retención de líquido y ayuda a prevenir la formación de cálculos y arenillas.

• Al ayudar a la eliminación de toxinas y ácido úrico por los riñones y por su capacidad para bajar el calor y la inflamación, el pepino es un buen remedio para la artritis y la gota.

• Se cree que los esteroles del pepino bajan el colesterol malo.

Remítase a
salsa de Oriente Próximo, p. 64
cóctel *borscht* de remolacha, p. 78
gazpacho español, p. 99
batido de pepino de la India, p. 118
sopa fría de pepino y menta, p. 137

pera *Pyrus communis*

La pera dulce y jugosa es una fuente deliciosa de fibra, vitaminas, minerales y oligoelementos. Especialmente cuando están secas, las peras son una buena fuente de energía, por su alto contenido de azúcares naturales. Tienen pocas sustancias que pueden provocar reacciones alérgicas y por eso son excelentes para los que sufren estas afecciones, especialmente en dietas de exclusión. Por esta razón, la pera también es buena como el primer alimento sólido para los lactantes durante el destete.

La pera –tradicional símbolo europeo de buena salud, suerte y esperanza– ha gozado de aceptación desde los tiempos de los romanos. Para los chinos, la pera representa longevidad, justicia y buen juicio. Los romanos inventaron la sidra de pera como antídoto efectivo contra las setas/hongos venenosas. Esta deliciosa "cura" alcohólica, preparada con una combinación de peras silvestres y cultivadas, fue muy popular durante el siglo XVII. Gerard, el herborista inglés del siglo XVI, escribió que la sidra de pera "purga a aquellos que no están acostumbrados a beber, especialmente cuando es nueva; reconforta y calienta el estómago y ayuda a la buena digestión".

Aparentemente, durante el Imperio Romano, existían 39 variedades de pera, pero hoy se cuentan más de 3.000 y pueden emplearse indistintamente. Cocidas o crudas, el ligero sabor dulce se mezcla muy bien con otras frutas y leches. El zumo de pera recién hecho es maravillosamente refrescante y sabe a néctar. Como las manzanas, las peras tienen una cualidad refrescante que puede atemperarse en bebidas de invierno con el agregado de especias cálidas, como la canela, el jengibre y el clavo. Es importante aprovechar esta cualidad para aliviar el ardor de procesos inflamatorios del aparato digestivo y calmar el ardor de la vejiga. La ingestión diaria de tres a seis vasos de zumo o de agua de pera ayudará a combatir las infecciones urinarias como la cistitis. Para preparar agua de pera, caliente entre 40 y 50 g de peras secas en 1,2 litros de agua; cueza a fuego lento media hora.

Cualidades terapéuticas

• La acción refrescante y suavizante de las peras aplaca la tos irritante.

• Sus cualidades refrescantes son beneficiosas para problemas de irritación e inflamación del aparato digestivo: ardor, dispepsia nerviosa, gastritis, colon irritable, colitis y divertículos.

• La pectina de las peras proporciona fibra, por lo tanto puede ayudar a regular los intestinos y aliviar el estreñimiento y la diarrea. También, la pectina ayuda a bajar el nivel de colesterol en la sangre.

• La acción diurética elimina toxinas, ayuda a la excreción de ácido úrico (útil para los que sufren de gota) y a la retención de líquido.

• Las propiedades refrescantes y depurativas pueden reducir el ardor y dolor en articulaciones afectadas por la artritis.

• El boro de las peras aumenta la agilidad mental y ayuda a prevenir la osteoporosis.

Remítase a
tango tailandés, p. 49
antidiarreico caribeño, p. 108
néctar de pera y melón de Oriente Próximo,
     p. 111
cascada china, p. 125

"En verdad, todas las clases dulces y sabrosas ayudan a bajar –más o menos– la barriga. Por el contrario, las duras y amargas la endurecen mucho."
Nicholas Culpeper, herborista inglés del siglo XVII

ajo *Allium sativum*

Si necesita un tónico vigorizante o si está buscando el elixir de la juventud, entonces tal vez el ajo sea la respuesta. Este bulbo sensacional puede proporcionar energía y vitalidad, mejorar la digestión y absorción y desintoxicar el cuerpo. Ayuda a proteger el organismo contra los efectos de la contaminación y la nicotina. Al actuar como un poderoso antioxidante, el ajo retarda el proceso de envejecimiento y protege contra las enfermedades degenerativas. Es un famoso remedio para el corazón y la circulación, baja la tensión arterial y la tendencia a la formación de coágulos, razón por la que previene los infartos cardiacos y el derrame cerebral.

Parece que los antiguos egipcios conocían todas las propiedades energéticas del ajo; se cree que los obreros que construyeron la Gran Pirámide en Giza comían ajo para tener fortaleza. También, los romanos daban ajo a los obreros y soldados para que tuvieran vigor y coraje. Para los griegos, el ajo fue el símbolo de la fuerza y los atletas de los Juegos Olímpicos solían masticarlo antes de entrar en competencia, para mejorar sus posibilidades de salir victoriosos. Desde aquellos tiempos hasta hoy, el ajo ha sido muy apreciado por ser una gran defensa contra las infecciones, para combatir el envenenamiento, la diarrea, la disentería, las flatulencias y los cólicos, y para enfermedades tan graves como el cólera y tifus.

Para algunas personas el característico sabor picante del ajo es una delicia, en tanto que para otras les resulta desagradable por su olor fuerte y persistente. Puede dar vida a una cantidad de bebidas, incluidas las sopas frías y calientes y los zumos de verdura, y es un condimento excelente en salsas y aderezos. No sólo es un buen condimento, además fortalece la digestión, estimula la secreción de enzimas y bilis y aumenta la absorción de nutrientes; en suma, mejora la salud en general y la vitalidad. Ya sea por el fuerte poder antiséptico o a veces por la agobiante huella en el aliento, el ajo se ha ganado la fama de alejar el mal y los vampiros.

Cualidades terapéuticas

• Efectivo remedio antibacteriano, antiviral, antifúngico y antiparasitario que ha demostrado ser similar a antibióticos como la penicilina.

• Su excreción a través de los pulmones, los intestinos, la piel y el aparato urinario, desinfecta cada órgano por donde pasa.

• Excelente para dolores de garganta, tos, resfrío, gripe, bronquitis y asma. Ayuda a aliviar el catarro, la sinusitis y la fiebre del heno.

• Ayuda a restaurar la flora intestinal después de una infección o del uso de antibióticos; buen remedio para la candidiasis y las aftas.

• Por aumentar la secreción de insulina, puede contribuir a bajar el azúcar de la sangre en los diabéticos.

• Se cree que el contenido de azufre del ajo tiene propiedades antitumorales, protegiendo al organismo contra el cáncer.

• Al estimular la circulación, el ajo puede aliviar calambres y trastornos circulatorios.

• La ingestión regular de ajo puede bajar significativamente el colesterol malo; por lo tanto, proteger contra las enfermedades cardiacas y arteriales.

Remítase a
sopa italiana de tomate y tomillo, p. 59
skorthalia a la griega, p. 63
salsa para condimentar de Oriente Próximo, p. 64
sopa francesa de ajos, p. 98
almíbar de ajos a la francesa, p. 119

albaricoque *Prunus armeniaca*

Por su belleza, dicen que el albaricoque/damasco/chabacano –de sabor dulce y exquisito color– ganó su lugar en el Jardín del Edén. John Ruskin, reformista social inglés del siglo XIX, lo describió como "brillante en dulce fulgor de terciopelo dorado". Es un alimento rico en nutrientes, de alto contenido de vitaminas A, B y C, y minerales como calcio, magnesio, potasio y hierro (el contenido de hierro es mayor en los albaricoques secos; la vitamina C actúa para aumentar la absorción del hierro). Como son de fácil digestión, las bebidas de albaricoque son muy buenas para aquellos que se sientan física o mentalmente debilitados, anémicos o estén recuperándose de una enfermedad o de estrés. El calcio, el magnesio y el potasio son esenciales para el funcionamiento normal del sistema nervioso y de los músculos; ayudan al cuerpo en períodos de mucha tensión.

El albaricoque es originario de Asia central y se conoce en China desde hace no menos de 2.000 años. El romano Lucius Licinius lo llevó a Europa después de sus campañas por el Oriente, para cultivarlo en sus exuberantes jardines. Se hizo popular como manjar y remedio para el dolor de oído, las infecciones nasales y las hemorroides. Los albaricoques comenzaron a cultivarse en el Reino Unido en el siglo XVI y se empleaban como laxantes.

El dulzor y la blandura naturales de los albaricoques se combinan muy bien con muchos otros alimentos, haciéndolos muy versátiles y reduciendo la necesidad de usar edulcorantes adicionales. Tienen mucha fibra, pero bajas calorías, por lo tanto son buenos para los que controlan su peso. Las bebidas que contienen albaricoque ejercen un efecto maravillosamente suavizante en todo el aparato digestivo, calmando la irritación, estimulando la digestión y ayudando a la absorción de nutrientes.

El albaricoque puede provocar alergia en algunas personas, ya que contiene salicilatos. El azufre empleado como conservante de los albaricoques secos puede también producir reacciones alérgicas, por eso siempre es mejor comprar fruta seca que no tenga este elemento.

Cualidades terapéuticas

• Por prevenir y aliviar el estreñimiento, el albaricoque protege contra enfermedades intestinales, como los divertículos.

• Las vitaminas antioxidantes A y C previenen el daño causado por los radicales libres y ayudan contra las enfermedades cardiacas y arteriales. También, actúan para retardar el proceso de envejecimiento y el comienzo de enfermedades degenerativas como la artritis.

• El betacaroteno del albaricoque ha demostrado ser una protección contra el cáncer de pulmón y posiblemente de páncreas, piel y laringe, o cualquier cáncer relacionado con el tabaquismo.

• Como proporciona nutrientes para el sistema nervioso, el albaricoque puede mejorar la resistencia al estrés y emplearse como remedio para la ansiedad, las tensiones, la depresión y el insomnio.

• Sus efectos nutritivos y fortalecedores en el organismo hacen que el albaricoque sea un alimento excelente para cualquiera que se sienta cansado y sin fuerzas, y para aquellos que tengan una necesidad creciente de nutrientes de fácil absorción, como las embarazadas, los niños y los ancianos.

Remítase a
adelgazante de manzana y albaricoque, p. 50
cordial de jengibre, p. 58
tónico chino de albaricoque y pomelo, p. 95
sueño norteamericano de papaya y
   almendras, p. 110

"La fruta que se come después de la carne, se corrompe y pudre en el estómago; si se come primero –antes de la carne– desciende fácilmente y hace que la carne se digiera más rápido."
John Gerard, boticario inglés del siglo XVI

cayena *Capsicum annuum*

Este chile/ají picante es famoso mundialmente por su efecto revitalizante sobre la mente y el cuerpo. Su sabor picante, atribuido a la presencia del alcaloide capsaicina, tiene beneficios que se transmiten al organismo. La sensación de ardor en la lengua dispara la secreción de endorfinas, sustancias similares al opio que no sólo pueden inhibir el dolor sino también inducir a una sensación de bienestar, a veces hasta de euforia. El chile de Cayena mejora la digestión y absorción de nutrientes; al aumentar la circulación asegura el transporte de esos nutrientes a todos los tejidos y también la eliminación de desechos. Rico en antioxidantes como el betacaroteno, la vitamina C y los bioflavonoides, ayuda a retardar el proceso de envejecimiento y protege contra las enfermedades degenerativas como el cáncer, y las enfermedades cardiovasculares como las arterosclerosis y la angina.

Como otras variedades de chiles, la cayena proviene de la misma especie silvestre originaria de América central y del sur; su cultivo en México se remonta tanto como hasta 7000 a.C. Las cerámicas precolombinas decoradas con chiles sugieren que a los aztecas les gustaba y los cultivaban intensamente. Los chiles fueron muy respetados como medicina, para fortalecer el organismo contra infecciones y combatir los parásitos intestinales. Era creencia común que ejercían poderes rejuvenecedores, y se comían por sus propiedades afrodisíacas y para curar la infertilidad. Aparentemente, fue Cristóbal Colón el responsable de su llegada a Europa; él creía haber encontrado un sustituto a la costosa pimienta negra.

Perfecto para un día frío de invierno, la cayena en sopas, infusiones y zumos de verdura estimula el corazón y la circulación, calentando el cuerpo de adentro hacia fuera. Es un remedio excelente para personas propensas a sufrir de mala circulación y los problemas que esto acompaña, incluidos los sabañones, circulación deficiente en las extremidades, letargo y depresión. Al estimular la circulación de sangre a la cabeza, la cayena es un tónico bueno para el cerebro, especial para estudiantes por mejorar la memoria y la concentración y para los ancianos, para proteger contra la senilidad. Si se ingiere en una bebida caliente al comienzo de un resfrío o una gripe, la cayena aumenta la sudoración y mejora el funcionamiento del sistema inmunológico. Si le resulta difícil tragar este chile, empiece con cantidades pequeñas y, poco a poco, su tolerancia será mayor. Es mejor que las personas propensas a sufrir de ardor y acidez estomacal se abstengan de consumirlo, ya que podría agravar el problema.

Cualidades terapéuticas

• La cayena ejerce acción bactericida y por ser rica en vitamina C, es buen remedio para el aparato respiratorio.

• El sabor picante de la cayena actúa como descongestivo rápido y efectivo del pecho y las vías respiratorias superiores, facilitando la expectoración y aliviando el catarro y la sinusitis.

• Las investigaciones demuestran que la cayena reduce la irritación y congestión bronquial provocada por inhalar humo de tabaco y contaminantes del aire.

• El efecto analgésico de la cayena puede emplearse para aliviar el dolor de muelas, los herpes, la artritis y las migrañas.

• Por producir calor, la cayena alivia los síntomas causados por una digestión mala o lenta, como flatulencias, náuseas, diarrea, indigestión y dolores abdominales.

• Al aliviar los espasmos provocados por una mala circulación hacia y desde el aparato reproductor, la cayena puede ayudar a prevenir y aliviar los dolores menstruales.

• La cayena puede bajar los niveles de colesterol malo. También, ayudar a bajar la tensión arterial y evitar la formación de coágulos, derrame cerebral e infarto cardiaco.

Remítase a
licuado de berro, espinaca y tomate, p. 94
zumo italiano de tomate, p. 140
almíbar caribeño de lima y cayena, p. 144

jengibre *Zingiber officinale*

Según las escrituras del Corán, el menú servido en el Paraíso incluye el jengibre; es verdad que ésta, la más versátil de las especias, puede otorgar un sabor celestial a toda una gama de platos y bebidas. Sus efectos calóricos y estimulantes benefician todo el organismo, mejorando la salud en general y la vitalidad, y disipando el frío y el letargo que puede apoderarse de nosotros en los días de invierno.

Ya por 500 a.C., Confucio escribió sobre el jengibre y poco después la especia aparece en muchas prescripciones de los textos chinos de medicina. Los chinos lo apreciaban como un remedio para tratar una gama completa de síntomas relacionados con el frío y la mala circulación, para fortalecer el corazón y la vista, y como afrodisíaco. En la tradición ayurvédica de la India, el jengibre se conoce como "*vishwabhesaj*", la medicina universal, reconocida no sólo por su capacidad para vigorizar el cuerpo, sino también para aumentar la claridad mental, la inteligencia y la determinación. Durante la Edad Media, Italia consideró el jengibre vital en las prescripciones para una vida sexual plena y promover la felicidad de los años futuros. ¡Un rejuvenecedor verdadero! Investigaciones recientes han demostrado que el jengibre inhibe la formación de coágulos, licúa la sangre, baja el colesterol malo y reduce la tensión arterial.

Con la raíz de jengibre se prepara una exquisita infusión caliente, que es muy efectiva cuando se toma al comienzo de un dolor de garganta, un resfrío o una gripe –cuando se siente cansancio, escalofríos y dolores musculares– para acelerar el desarrollo de la infección. Los aceites volátiles del jengibre son altamente antisépticos, activan el sistema inmunológico y actúan sobre las infecciones bacterianas y virales. En India, la infusión de jengibre se da a los niños con tos convulsa. Combinado en infusiones con otras especias, como cardamomo y canela, el jengibre es excelente para el invierno, ya que estimula el corazón y la circulación en todo el organismo. Se combina bien con frutas, especialmente la manzana, pues neutraliza su naturaleza refrescante. El jengibre molido es un buen aderezo para muchas bebidas con leche y frutas.

Cualidades terapéuticas

- Aumenta el apetito y mejora la digestión, al estimular la circulación de los jugos gástricos.
- Alivia los espasmos y cólicos, al relajar el intestino; es un remedio excelente para los trastornos intestinales, como colon irritable, náuseas y vómitos, provocados por excesos en la comida, infecciones, náusea del viajero o embarazo.
- La raíz de jengibre fresca se emplea en China para tratar la disentería bacteriana aguda; es un buen remedio para las infecciones estomacales e intestinales.
- El jengibre es un buen descongestivo para el catarro y la sinusitis, además de expectorante para casos de tos e infecciones del pecho.
- Alivia el dolor de cabeza, las migrañas y las menstruaciones dolorosas y puede fortalecer el aparato reproductor en hombres y mujeres por igual, porque aumenta el deseo sexual y actúa contra la impotencia.
- El jengibre tiene propiedades antioxidantes que inhiben la acción de los radicales libres y retardan el avance del proceso de envejecimiento.

Remítase a

cordial de jengibre, p. 58
infusión malaya de jengibre y limón, p. 63
cuajada china de jengibre e hinojo, p. 113
cerveza de jengibre, p. 117
cordial medieval de jengibre, p. 144

"Comed jengibre y amaréis y seréis amados como en la juventud."
Dicho de la facultad de medicina de Salerno, Italia, siglo XI

albahaca *Ocimum basilicum*

Además de aromatizar las bebidas con la más deliciosa de las hierbas, la albahaca será un tónico para el sistema nervioso, un antiséptico para resfríos y gripe y un relajante para el aparato digestivo. Esta hierba ayuda a calmar los nervios, aliviar las tensiones, aclarar y estimular la mente y mejorar el estado de ánimo. Es estimulante cuando se está cansado y relajante cuando se está tenso o ansioso. Puede ayudar en una cantidad de síntomas relacionados con el estrés, incluidos dolores de cabeza, neuralgias y trastornos digestivos.

En sopas e infusiones calientes, la albahaca disipa las mucosidades de la nariz y el catarro de pecho, baja la fiebre, alivia la tos y ayuda al cuerpo a combatir las infecciones.

Tradicionalmente, la albahaca –originaria de India– se planta cerca de las casas y en el alféizar de las ventanas para purificar el aire y es reverenciada por su propiedad *sattvic* para aclarar la mente y abrir el corazón. En muchas partes del mundo, la albahaca ha sido apreciada durante siglos por su capacidad para proteger contra las infecciones, y sus propiedades vigorizantes se relacionaron con el valor que otorga en momentos de dificultad. Los romanos la empleaban como tranquilizante y los griegos aún la llevan encima para procurar un viaje seguro.

La albahaca es exquisita en sopas y zumos de tomate, como en purés o como condimento de sopas de verdura e infusiones calientes. Las variedades de hoja verde, como la italiana, y la albahaca crespa tienen propiedades terapéuticas similares a la de la albahaca crespa violeta "dark opal" y "purple ruffles", y pueden emplearse indistintamente. Sin embargo, difieren mucho en sabor de la variedad tulsi (*Ocimum sanctum*) y la albahaca de India oriental (*Ocimum gratissimum*). Se recomienda principalmente usarla fresca siempre que sea posible, pues pierde mucho de su delicado sabor penetrante –por el que es famosa– cuando se seca.

Cualidades terapéuticas

• Buen descongestivo para resfríos, catarros y sinusitis.

• Expectorante efectivo para la tos y relajante bronquial para el falso crup y el asma.

• Fortalecedor del sistema inmunológico y antiséptico que ayuda al organismo a combatir las infecciones y los parásitos intestinales.

• Tónico para los nervios que fortalece el sistema nervioso, alivia la depresión y la ansiedad, mejora la concentración y agudiza la memoria.

• Buen remedio para aliviar el dolor, en el caso de jaquecas y migrañas, dolores de espalda, tensión muscular y reumatismo.

• Relajante para la digestión, que alivia flatulencias, calambres, inflamación, diarrea, estreñimiento, náuseas e indigestión.

Remítase a
magia mediterránea, p. 83
gazpacho español, p. 99
sopa italiana de patatas, tomates y albahaca, p. 131

romero *Rosmarinus officinalis*

La acción desintoxicante que el romero ejerce sobre el hígado depura el sistema y uno se siente mucho mejor y más sano; algo más que una buena purga. El romero –vigorizante del cuerpo y la mente– puede ayudar a disipar el desgano y la enfermedad, animar el espíritu y mejorar la memoria y la concentración. Su penetrante gusto a pino, delicioso en aperitivos y digestivos, estimula el apetito, ayuda a la digestión y absorción de nutrientes y es especialmente bueno cuando coma alimentos grasos.

Los antiguos griegos conocían muy bien la capacidad del romero para mantener la mente ágil. Los estudiantes que se presentaban a examen coronaban sus cabezas con romero para que les ayudase a recordar lo que habían aprendido; siglos más tarde, Shakespeare supo de la reputación del romero, cuando puso en boca de Ofelia las siguientes palabras dirigidas a Hamlet, "Aquí tienes romero para que no te olvides; te ruego me ames, recuérdalo". Desde tiempos antiguos, los egipcios relacionaron el romero con la memoria, el amor y la fidelidad, tanto en este mundo como en el más allá. Se entretejía romero en velos y ramilletes de flores para las bodas, y los asistentes a un funeral lo llevaban encima, pues afirmaban que llegaba a proteger a las almas contra el mal en su paso a la eternidad.

Una taza humeante de infusión de romero es una forma maravillosa de empezar una mañana invernal. Al estimular la circulación, el romero producirá calor en el cuerpo, de la cabeza a los pies. Es excelente para sacudirse la modorra de las primeras horas de la mañana y como tiene efecto calmante, será bueno para proteger contra el estrés del día, aliviar la tensión y ansiedad, y disipar el cansancio y la depresión. También, vale la pena probarlo cuando se sienta con resaca. Rico en calcio, el romero es un remedio fantástico para los nervios. Ya sea en infusiones, sopas y cordiales, tal vez sea el remedio más famoso para dolores de cabeza y migrañas. Como estimula la circulación sanguínea en la cabeza, relaja los músculos tensos, ayuda a la digestión y depura el hígado, el romero puede aliviar el dolor de cabeza causado por diferentes razones.

Cualidades terapéuticas

• Sus propiedades antibacterianas, antivirales y antifúngicas estimulan el funcionamiento del sistema inmunológico, protegiendo contra la infección.
• El romero en infusión caliente ayuda a aliviar dolores de garganta, resfríos, gripe, fiebre e infecciones del pecho. También, puede aliviar toses fuertes, espasmos bronquiales y asma.
• Como estimula la circulación, el romero puede emplearse para curar sabañones, várices y hemorroides.
• Su acción diurética ayuda a la eliminación de toxinas y exceso de líquido.
• La acción desintoxicante puede contribuir a eliminar desechos del organismo y aliviar problemas de artritis, gota y de la piel.
• Por el contenido de taninos astringentes, el romero controla las hemorragias, reduce las menstruaciones abundantes y tonifica el aparato digestivo.
• Como relajante muscular, el romero puede reducir los dolores menstruales y aliviar flatulencias y cólicos.
• Retrasa el proceso de envejecimiento y protege contra las enfermedades degenerativas.

Remítase a
rejuvenecedor mediterráneo, p. 61
zumo de zanahoria y romero, p. 83
almíbar isabelino de romero y limón, p. 89
sopa francesa de cebollas, p. 97

"Los humores del corazón y de todo el cuerpo sienten el regocijo que produce esta bebida, que disipa el desaliento y las preocupaciones."
Wilhelm Ryff, herborista renacentista de Estrasburgo

espinaca *Spinacia oleracea*

La espinaca –verdura maravillosamente fortalecedora y energizante– es un alimento excelente para cualquiera que se sienta cansado y sin fuerzas, para los anémicos y los ancianos. Depósito de nutrientes, contiene vitaminas y minerales, incluidas la C y E, betacaroteno, hierro, ácido fólico, potasio, calcio, magnesio y clorofila. La espinaca tiene la ventaja adicional de ser de fácil digestión y absorción, razón por la que aumenta la secreción de enzimas digestivas y bilis. Es un tónico perfecto.

Se cree que la espinaca es originaria del Sudeste asiático o del Himalaya occidental; se cultivó por primera vez en Persia. Aparentemente, los antiguos árabes la apreciaban como plato de gran distinción y la llevaron a España en el siglo x, desde donde se extendió su popularidad por el resto de Europa. Fue allí donde los monjes la cultivaron en muchos monasterios medievales y pasó a formar parte de la dieta de los campesinos de aquella época. En Inglaterra se hizo popular en el siglo xvi como verdura ligera, nutritiva y de fácil digestión. Se daba a convalecientes, débiles y enfermos para que tuvieran vigor y fuerza y ayudarlos a recuperar la salud. A principios del siglo xx, la espinaca se consideró un alimento excelente no sólo para la anemia y apatía, sino también para los problemas renales y cardiacos, la indigestión, las hemorroides y el estreñimiento.

La espinaca es deliciosa en sopas y platos de verdura; tiene sabor rico e intenso, además de su vibrante color verde oscuro que hace que uno se sienta mejor con sólo mirarla. La abundancia de clorofila y bioflavonoides dan a la espinaca una tonalidad maravillosa y una gran acción terapéutica. Se cree que la ingestión regular ayuda a desactivar los carcinógenos en el organismo y a inhibir la formación de tumores. Entre los bioflavonoides se encuentran los carotenoides betacaroteno y luteína, que han demostrado ayudar a la prevención del cáncer de colon, estómago, pulmón y próstata. Dicen que de todos los zumos de verdura, el de espinaca es el mejor para prevenir el cáncer. Por su alto contenido de ácido oxálico, no se recomienda la espinaca para aquellos que sufren gota, artritis o cálculos renales o en la vejiga.

"Hervida hasta reducirse a pulpa, sin otra agua que la suya, [la espinaca] es un condimento óptimo con mantequilla, vinagre o limón, para acompañar casi toda clase de carne hervida, y puede formar parte de la dieta de un enfermo. Es laxante y emoliente y, por ello, beneficiosa para los ancianos."
John Evelyn, cronista inglés del siglo xvii

Cualidades terapéuticas

• La ligera acción laxante de la espinaca ayuda a eliminar desechos del intestino y a prevenir el estreñimiento y los divertículos.

• La fibra de la espinaca contribuye a bajar los niveles de colesterol malo y así proteger contra los problemas cardiacos y circulatorios.

• Aumenta las defensas del sistema inmunológico y ayuda a que el organismo combata las infecciones.

• Los antioxidantes evitan las enfermedades degenerativas, entre ellas la artritis y las enfermedades cardiacas.

• El ácido fólico de la espinaca ayuda a prevenir la anemia. También, es vital en las embarazadas, para asegurar el desarrollo normal del cerebro y la médula espinal del bebé.

• Los carotenoides que contiene la espinaca han demostrado proteger la vista, al evitar la deformación macular; la causa más común de ceguera en las personas mayores de 65 años.

Remítase a
sopa cantonesa de berros y espinaca, p. 53
sopa de espinaca de Trinidad, p. 62
licuado de berro, espinaca y tomate, p. 94

tomillo *Thymus vulgaris*

El tomillo –cálido, estimulante y picante– regocija la mente y el cuerpo por igual. Aumenta las defensas inmunológicas y ayuda al organismo a combatir infecciones, como resfríos, tos y gripe. Tiene efecto beneficioso sobre el sistema nervioso, excelente para el cansancio físico y mental y para aliviar la tensión, ansiedad y depresión.

Para los griegos, el tomillo fue emblema de acción y bravura, para los romanos, una cura para la melancolía. Para otros, es una hierba para mitigar el miedo y las pesadillas. En sopas, era la cura medieval para la timidez. En la Inglaterra del siglo XIV, las damas bordaban una abeja revoloteando sobre un ramillete de tomillo, en las chalinas que ofrecían a los caballeros, cuando ellos partían a la batalla, a fin de proporcionarles valor. En aquellos días, el tomillo también era apreciado por su cualidad fortalecedora del cerebro y la prolongación de la vida. La ciencia moderna nos ha dado una buena explicación para esto. El tomillo actúa como antioxidante, al proteger contra los efectos devastadores de los radicales libres; por esa razón, retarda el comienzo del proceso de envejecimiento y de las enfermedades degenerativas.

En tisanas o dulces jarabes –que encantarán a los niños– el tomillo es un remedio antiséptico excelente para proteger contra infecciones y aliviar la fiebre. Como aromatizante de sopas y como guarnición de zumos frescos de verdura –como el de tomate– el tomillo es un buen digestivo que mejora la digestión y absorción, y ayuda a evitar problemas como flatulencias, cólicos e indigestión. Al estimular la circulación, el tomillo produce calor y fuerza, aumentando la salud y vitalidad en general. Su afinidad especial con el aparato reproductor implica que tanto mujeres como hombres pueden encontrar que una infusión de tomillo puede mejorarles la vida sexual.

Cualidades terapéuticas

• Remedio excelente para toda clase de infecciones respiratorias, dolor de garganta, resfrío, tos y gripe. Como expectorante, limpia los bronquios congestionados, en tanto que sus propiedades relajantes alivian la tos persistente y el asma.

• El tomillo relaja el espasmo de los intestinos, alivia las flatulencias y los cólicos, el colon irritable y los espasmos. Buen astringente para la diarrea y antiséptico para las infecciones.

• Al ayudar a restaurar la flora intestinal, el tomillo es bueno para las personas que toman antibióticos y que sufren de candidiasis sistémica.

• Por la acción antiséptica y diurética, el tomillo es bueno para las infecciones urinarias, el reumatismo, la gota y la retención de líquidos.

• Ejerce un efecto regulador en el aparato reproductor femenino, alivia los dolores menstruales y es bueno para el tratamiento de infecciones. Es un remedio efectivo para las aftas.

Es un noble fortalecedor de los pulmones, muy notable en la edad del crecimiento; tampoco existe remedio mejor para esa enfermedad infantil que comúnmente se llama tos convulsa.
Nicholas Culpeper, herborista inglés del siglo XVII

Remítase a
sopa italiana de tomate y tomillo, p. 59
infusión griega de tomillo, p. 65
jarabe de tomillo, p. 75
infusión griega de salvia y tomillo, p. 77

berro *Nasturtium officinale*

El berro –verde oscuro, de fresco sabor a pimienta– es un tónico excelente y depurativo de la sangre. Rico en vitaminas A, C y E, es una buena fuente de calcio, hierro, potasio, cinc y oligoelementos. Amargo a la vez que picante, sirve para preparar una sopa sabrosa y nutritiva que da calor al cuerpo, estimula la circulación, restaura la energía y puede ayudar a desintoxicar el organismo. Es un excelente depurativo, desintoxicante y tónico nutritivo para la sangre.

Aparentemente, dos dosis diarias de zumo de berro aumentaba la productividad de los esclavos en el antiguo Egipto. En Grecia, Hipócrates –padre de la medicina– lo recomendaba como estimulante; Dioscórides creía que tenía poderes afrodisíacos; y Xenfon sugirió alimentar a los niños a base de berro para que sus cuerpos crecieran fuertes y sanos. El hecho de que el berro hiciera sentir tan bien a la gente le hizo ganar una reputación mística: no sólo podía tomar de la tierra los elementos vitales para la salud, sino también confería inteligencia a todos los que lo comieran.

La sopa, el zumo o la infusión de berro es esencial para el arsenal terapéutico de cualquier cocina. En general, se consiguen manojos de berro –no existen variedades– durante todo el año. Escoja el que tenga hojas verde brillante y no las de color amarillo o marchitas, o el que está florecido. No recoja berro que crezca en arroyos y estanques, en especial cerca de donde pastan ovejas, ya que pueden contener parásitos, como la duela hepática del cordero (*Fasciola hepatica*), o la bacteria que causa problemas intestinales.

"Coma berro con frecuencia para tener la mente aguda y rápida."
William Lagham, médico, 1579

Cualidades terapéuticas

• El berro –como antiséptico efectivo– es especialmente bueno para las infecciones del pecho, pues actúa como estimulante respiratorio y expectorante. Alivia la bronquitis, pleuresía, neumonía y tuberculosis.

• El berro fortalece la digestión, abre el apetito y es un tónico excelente para la intoxicación por alimentos, la absorción deficiente, las flatulencias, los cólicos y los parásitos.

• Puede actuar sobre los riñones y la vejiga, aumentando el flujo de orina y disolviendo los cálculos y la arenilla.

• Tiene propiedades depurativas sobre la sangre, por eso trae alivio sintomático a los que sufren de artritis, reumatismo y gota.

• El berro estimula la circulación, dirigiendo los nutrientes absorbidos hasta las partes del organismo donde sean más necesarios y provocando una sensación de bienestar físico y de fuerza.

• Su contenido de vitamina E es útil en la prevención y tratamiento del síndrome premenstrual; se cree que aumenta la fertilidad, la potencia sexual, cura la impotencia y estimula el flujo menstrual y de leche materna.

Remítase a
sopa cantonesa de berro y espinaca, p. 53
sopa de berro, p. 60
licuado de berro, espinaca y tomate, p. 94
zumo francés de potasio, p. 124

yogur

El yogur –sorprendentemente beneficioso para el aparato digestivo– si se come con regularidad, mejorará la salud y es posible que hasta pueda prolongar la vida. Es leche agria, fermentada y cuajada hasta tomar la consistencia de una natilla por la acción de unas bacterias llamadas *Lactobacillus bulgaricus* y *L. acidophilus*, que sobreviven al proceso de digestión. En el intestino, restauran la flora intestinal y eliminan el desarrollo excesivo de bacterias causadas por una mala dieta, por debilidad o por el uso de antibióticos. El ácido láctico del yogur tiene beneficios adicionales que ayudan a la síntesis de las vitaminas B y al aumento de la absorción de nutrientes, como el calcio y el hierro. Asimismo, regula la función intestinal e inhibe las infecciones.

En la Biblia, se dice que un ángel reveló a Abraham las propiedades del yogur, fundamento éste de su longevidad. Estas asombrosas cualidades fueron descubiertas a principios del siglo xx por el científico ruso y ganador del premio Nobel, doctor Elias Metchinikoff. Este estudioso planteó que muchas de las enfermedades están relacionadas con la presencia en el intestino de bacterias putrefactivas. Después de haber descubierto que esos microbios destructivos podrían ser controlados por otros microorganismos presentes en el yogur, se dispuso a probar la relación entre la ingestión de yogur y la longevidad. Relatos de vidas extraordinariamente longevas en algunas partes de África, América y Bulgaria –donde la dieta básica de mucha gente era yogur y vivían más que otros en Europa– corroboraron la teoría de Metchinikoff.

Desde entonces, el yogur ha sido tema de una extensa investigación. Estudios recientes indican que el cultivo de acidophilus –uno de los antibióticos naturales que contiene el yogur– puede contribuir a detener la actividad enzimática en el colon, que convierte ciertos elementos químicos en carcinógenos. Por esta razón se cree que el yogur puede ser beneficioso para prevenir el cáncer.

El yogur hecho con leche de vaca, cabra u oveja da una textura cremosa a las bebidas y es delicioso con hierbas como menta y eneldo. Sus propiedades refrescantes son una gratificación para cuando hace calor y cuando comemos curry picante.

Cualidades terapéuticas

- Bueno para aliviar las flatulencias, el dolor abdominal, el estreñimiento y el colon irritable. Combate alergias y candidiasis.
- Regula la función intestinal e inhibe las infecciones, como las producidas por *E. Coli*. Efectivo para evitar que los viajeros, poco acostumbrados a las bacterias extrañas, sufran infecciones. Además, previene las infecciones urinarias y la cistitis.
- Actúa como fortificante del sistema inmunológico, aumentando la resistencia general a las infecciones.
- El efecto calmante del yogur sobre el aparato digestivo puede ayudar a aliviar el ardor.
- Contiene prostaglandinas que protegen las mucosas del estómago contra elementos irritantes como el alcohol y el tabaco, y puede reducir la incidencia de úlcera péptica.
- Se cree que protege contra las enfermedades cardiacas, al aumentar en el organismo el colesterol de alta densidad de lipoproteínas y bajar el colesterol malo.
- Tiene fama de mantener ágil la mente y evitar la senilidad.

Remítase a
lassi dulce de India, p. 104
calmante ruso, p. 115
batido de pepino de la India, p. 118
sopa fría de pepino y menta, p. 137

"Utilidad: contra la inflamación de estómago.
Efectos: genera sangre flemática. Es apto
para temperamentos apasionados, para gente joven,
en verano y en las regiones del mediodía."
Tacuinum sanitatis, manual de salud de la Edad Media

2

bebidas para tener buen aspecto y sentirse bien

bebidas para tener buen aspecto y sentirse bien

El objetivo de este libro es la buena salud, no sólo para mantenerse sano, sino también para tener buen aspecto y sentirse indiscutiblemente de maravillas. La piel debe estar sin marcas ni imperfecciones, con un brillo que sea la señal exterior de que todo está bien en el interior. De igual forma, el pelo debe brillar y los ojos impactar con una mirada clara y reluciente. El cuerpo debe moverse con energía y agilidad. Éstas son manifestaciones físicas que únicamente podrán existir si reflejan el bienestar y la vitalidad que sentimos dentro de nosotros.

Un estado de salud y una vitalidad con tal equilibrio depende de muchos factores. La dieta tiene que ser abundante en nutrientes, para proveernos de las materias primas necesarias para el mantenimiento de todas las funciones vitales del cuerpo. Cada sistema requiere esos elementos. Por ejemplo, el sistema nervioso necesita suficiente vitamina B y C, calcio, magnesio y ácidos grasos esenciales para poder enfrentar el estrés y mantener una perspectiva de equilibrio. El sistema inmunológico –vital para la prevención y recuperación de infecciones y afecciones, incluidas el cáncer– necesita de nutrientes como las vitaminas A, B, C y E, calcio, magnesio, hierro, cinc y selenio.

La digestión debe ser efectiva y tan eficiente como para descomponer, absorber y asimilar esos nutrientes. Asimismo, necesita una excreción adecuada de desechos del metabolismo, para evitar la acumulación excesiva de toxinas que nos harían sentir mal y desganados y contribuirían al desarrollo de enfermedades. También es importante un estilo de vida sin estrés y buscar por todos los medios alcanzar la salud y el bienestar. Cada día de nuestra vida, debemos intentar equilibrar la actividad con períodos de descanso y relajación, sin olvidarnos de las horas de sueño suficientes para volver a cargar las baterías. Además, nunca hay que olvidarse de hacer ejercicios físicos regulares, para procurar la buena circulación de la sangre desde y hacia cada una de las células y tejidos del cuerpo. Solamente de esa forma, todo el complejo celular recibirá el oxígeno y la nutrición que necesita para funcionar de manera óptima, libre de desechos y toxinas.

La sorprendente cantidad de propiedades para la salud que contienen los alimentos frescos puede aprovecharse positivamente, en bebidas rápidas y fáciles de preparar, que puedan ingerirse diariamente. Es posible que los alimentos buenos y sanos ya figuren hasta cierto grado en nuestra dieta, pero nunca es fácil conseguir el equilibrio entre los requisitos diarios de nutrientes y su ingestión efectiva, razón por la cual muchos de nosotros recurrimos a suplementos dietarios, cuando nos sentimos cansados y sin fuerzas o tenemos mal especto. Las bebidas que se detallan en las páginas siguientes contienen abundantes ingredientes nutritivos; si las bebe regularmente, pronto tendrá el mejor aspecto y se sentirá radiante.

bajar de peso

El peso –en todo sentido– está íntimamente relacionado con la salud, pues el sobrepeso no sólo afecta la forma en que nos sentimos con nosotros mismos –la seguridad y la actitud positiva– sino que también contribuye a una cantidad de problemas de salud, como diabetes, hipertensión y enfermedades cardiacas.

Los aspectos principales a tener en cuenta cuando se baja de peso son reducir la cantidad de calorías que se ingieren, aumentar la cantidad de las que se gastan y procurar que el organismo procese correctamente lo que come y bebe. La combinación de una dieta sana con el ejercicio regular no sólo le hará bajar de peso; además aumentará la energía, vitalidad y la alegría de vida. Todos los días, es necesario hacer de 20 a 30 minutos de ejercicios aeróbicos continuos, como nadar, andar en bicicleta, caminar a paso vivo, trotar o bailar.

La mejor forma de perder peso es hacerlo lenta y naturalmente; más o menos de 1 a 1,5 kg por semana es lo ideal. Eso puede conseguirse comiendo muchas frutas y verduras frescas, fibra y carbohidratos sin refinar, y beber mucho líquido, con especias y hierbas que aromaticen tanto la comida como la bebida. Procure hacer tres comidas diarias (incluyendo un plato principal con proteína), con un par de tentempiés entre medio. No sufra privaciones, se saltee comidas o pase períodos prolongados sin comer, pues eso envía mensajes de estrés al cerebro, que a su vez le harán comer en exceso o comer lo que no deba.

zumo de pomelo y piña de Jamaica

Esta bebida ligera y refrescante es un acompañamiento fantástico para la comida picante que le gusta tanto a los jamaiquinos. El pomelo y la piña son ideales para bajar de peso. Limpian el aparato urinario y ayudan al organismo a eliminar el exceso de toxinas y líquido, y también al aparato digestivo a descomponer las grasas. Otro beneficio de esta bebida deliciosa es que depura la putrescencia en los intestinos y es efectiva para solucionar problemas de estreñimiento.

500 ml de zumo/jugo de pomelo rosado
*   o de 2 pomelos recién exprimidos*
250 ml de zumo/jugo de piña/ananá
cubitos de hielo
750 ml de agua mineral con gas
4 rodajas de piña/ananá fresca
4 ramitas de menta fresca

Verter 125 ml de zumo de pomelo y 60 ml de zumo de piña en cada copa. Agregar unos cubitos y llenar con agua mineral. Decorar cada bebida con una rodaja de pomelo y una ramita de menta. 4 RACIONES

sopa rusa de espárragos

Los espárragos silvestres cubren las estepas de la tundra rusa, donde esta sopa exquisita es muy popular. Ejerce un efecto depurativo en todo el organismo y es especialmente buena para eliminar toxinas y el exceso de líquido por la acción estimulante que ejerce sobre los riñones. Asimismo, todo eso se ve ampliado por la acción efectiva de los espárragos sobre el hígado y los intestinos, ya que ayudan a la digestión y previenen el estreñimiento. El sabor ligero del suculento espárrago cobra vida con la hoja del aromático eneldo, que también es maravilloso para la digestión.

2 cucharadas de aceite de oliva
1 cebolla, pelada y en rodajas
2 patatas/papas medianas, peladas y en cubos
450 g de espárragos, lavados y picados
1 litro de agua
sal y pimienta recién molida
2 cucharadas de yogur natural (optativo)
2 cucharadas de eneldo fresco picado, como guarnición

Calentar el aceite en una sartén y agregar la cebolla, la patata y los espárragos. Tapar y cocer a fuego lento unos 10 minutos; revolver de vez en cuando. Agregar el agua; hacer que rompa el hervor y cocer a fuego lento unos 20 minutos, hasta que las verduras estén tiernas. Procesar y pasar por un chino para quitar los trozos de fibra. Salpimentar y volver a calentar. Añadir el yogur (si lo usa) a la sopa y servir con mucho eneldo fresco.

4 RACIONES

tango tailandés

Casi una comida completa, esta combinación exótica de frutas tropicales es una forma maravillosa de comenzar un día de verano. Es suculenta, pero a la vez adelgazante. El dulce zumo de la papaya, altamente nutritivo, con mucha vitamina C y betacaroteno, y las peras proporcionan una buena fuente de fibra que estimula el movimiento intestinal. También, la papaya contiene enzimas excelentes para la digestión. El sabor ácido de la lima activa la digestión y elimina el exceso de líquido del organismo.

100 g de papaya fresca, en rodajas
el zumo/jugo de 1 lima
2 peras medianas, peladas y en rodajas
200 ml de leche de arroz
una pizca de jengibre molido
cubitos de hielo (optativo)

Mezclar todos los ingredientes. Si desea una bebida refrescante, servir con hielo.
1 RACIÓN

sopa florentina de hinojo y alcachofa

Esta apetitosa sopa italiana combina el sabor
delicado de la alcachofa con el característico
gusto anisado del hinojo. El agua de alcachofas
ayuda a digerir las grasas, estimulando el
funcionamiento hepático y, por su acción
diurética, elimina líquido y toxinas del organismo.
El hinojo –otro digestivo maravilloso– combina la
acción diurética con efectos laxantes; es un
aliado perfecto para los que quieren adelgazar.

2 alcachofas/alcauciles
1,2 litros de agua
1 cucharada de aceite de oliva
1 cebolla grande, pelada y en rodajas
2 dientes de ajo, pelados y picados
2 patatas/papas medianas, peladas y en cubos
2 cabezas de hinojo, en rodajas
1 cucharadita de semillas de hinojo
sal y pimienta recién molida
perejil fresco, para la guarnición

Poner las alcachofas en una cacerola con agua;
hacer que rompa el hervor y cocer a fuego lento
unos 20 minutos. Calentar el aceite en una
cacerola; lentamente, cocer la cebolla, el ajo y la
patata unos 10 minutos. Añadir el hinojo, las
semillas y el agua de alcachofas; hacer que
rompa el hervor. Tapar y cocer a fuego lento
unos 20 minutos, hasta que las verduras estén
cocidas. Salpimentar a gusto, revolver y servir
con perejil fresco. 4 raciones

adelgazante de manzana y albaricoque

Esta combinación de frutas y yogur –un licuado
delicioso para los que desean adelgazar– es
casi una comida completa. Los albaricoques
tienen alto contenido de fibra y bajas calorías,
pero satisfacen ese deseo que a veces
tenemos de comer algo dulce. Las manzanas
ayudan a la digestión y absorción, además de
calmar el apetito, lo que es una gran ventaja
para bajar de peso.

6 albaricoques/damascos/chabacanos
125 ml de zumo/jugo de manzana
100 g de yogur natural, ligero
un poco de ralladura de nuez moscada fresca

Cocer los albaricoques en un poco de agua
hasta que estén tiernos; escurrir. Mezclar con
el zumo de manzana y el yogur; espolvorear
con nuez moscada. 1 RACIÓN

infusión de horta y rigani de Corfú

Las hojas tiernas de diente de león –llamado *horta* en Corfú– son apreciadas por los lugareños que las recogen en el campo para hervirlas y comerlas como espinaca. El agua en que se cuecen las hojas se considera muy sana para beber y por cierto ejerce un efecto diurético fuerte. Es de sabor un tanto amargo, pero cuando se combina con el sabor penetrante del orégano (*rigani*), se prepara una infusión ligera y refrescante que resulta digestiva después de las comidas. Este dúo dinámico se recomienda a aquellos que cuidan el peso, pues no sólo elimina líquidos sino que estimula la digestión.

*2 cucharadas de hojas de diente de león
tiernas, lavadas y picadas
2 cucharaditas de orégano seco
    o 4 cucharaditas si es fresco
600 ml de agua hirviendo*

Poner las hierbas en una tetera y verter el agua hirviendo. Tapar y dejar en infusión unos 10 minutos. Beber una taza 3 veces por día, después de las comidas. 2 o 3 RACIONES

mirada brillante

El brillo y la transparencia de los ojos indican mucho sobre una persona: si está contenta o es infeliz, si duerme bien o no, y si está sana o débil. En tanto que el estado de los ojos se vincula íntimamente con la salud en general y con nuestro estilo de vida, es mucho lo que podemos hacer con la dieta para tener los ojos sanos y prevenir problemas, como sequedad e inflamación, hinchazón de los párpados, blefaritis y cataratas.

Es posible que nuestras madres y abuelas nos hayan convencido de comer zanahoria, para que pudiéramos ver en la oscuridad; con razón, estaban en lo cierto. La zanahoria tiene alto contenido de betacaroteno que en el cuerpo se convierte en vitamina A, nutriente esencial para la salud del tejido ocular y la buena visión. La mayoría de las veces, la ceguera nocturna se debe a una carencia de vitamina A en la dieta; eso se soluciona sencillamente comiendo unas tres zanahorias por día. El betacaroteno –como las vitaminas C y E, el ácido fólico y el selenio– es antioxidante, vital para la protección del organismo contra la acción perjudicial de los radicales libres y, por consecuencia, la defensa de la salud de los ojos. También se encuentra en las frutas y verduras de color amarillo y anaranjado –incluidos albaricoques, mangos, chiles y morrones, calabazas– y verduras de hoja, como la espinaca y el berro.

Comer mucho aguacate/palta y nueces estimula la ingestión de vitamina E; el pescado de carne grasa, el aceite de linaza y la onagra/capa de San José proporcionan ácidos grasos esenciales omega 3, importantes para la vista y la deficiencia que puede causar sequedad y enrojecimiento de los ojos, característica que nos hace tener aspecto de cansados. Las naranjas, los limones, las moras y las grosellas negras –con mucha vitamina C– pueden ayudar a retardar el desarrollo de cataratas. También lo harán el té, las cebollas y el vino tinto –gracias al cuarcetín que proporcionan– y el extracto de levadura, los frutos secos, las semillas y el trigo integral, por su contenido de vitamina B$_2$.

Los arándanos negros y rojos, los cítricos, las verduras de hoja verde y los pimientos/ajíes verdes son ricos en flavonoides y vitamina C, que ayudan a la circulación eficiente hacia y desde los ojos y a fortalecer los capilares; todo eso contribuye a retardar el deterioro de la visión que acompaña al proceso de envejecimiento. Esos alimentos también fortifican el sistema inmunológico e inhiben el tipo de infección que provoca problemas como orzuelos y conjuntivitis.

zumo de zanahoria y manzana

El dulce sabor natural de las zanahorias y las manzanas hace que esta bebida sea de lo más deliciosa, además de rebosar de nutrientes para los ojos, en especial, betacaroteno y vitamina C. También, ayudan a la digestión y al funcionamiento regular de los intestinos, limpia el organismo de toxinas, algo fundamental para mantener descongestionados y sanos los ojos. Las propiedades inmunológicas de las manzanas y zanahorias, junto con el efecto refrescante del cilantro, contribuyen a controlar alergias, infecciones e inflamaciones que pueden provocar problemas de la vista, como conjuntivitis y orzuelos.

100 ml zumo/jugo de zanahoria
100 ml de zumo/jugo de manzana
hojas de cilantro fresco, para la guarnición

Combinar los zumos y servir con hojas de cilantro. 1 RACIÓN

sopa de berro y espinaca cantonesa

Esta sopa de vibrante color verde colmada de vitaminas antioxidantes, minerales y oligoelementos proporciona una nutrición fundamental para la salud de los ojos. Las propiedades depurativas del berro y la espinaca, por la acción diurética y laxante, ayudan no sólo a mantenernos en estado óptimo, sino también a que tengamos buen aspecto y nos sintamos bien. El berro y la espinaca son verduras muy populares entre los chinos, por su efecto refrescante y humectante, que ayuda a eliminar la sequedad, el enrojecimiento y la congestión, todos problemas que contribuyen a trastornos inflamatorios e infecciones del ojo.

1 cucharada de aceite de oliva
2 cebollas medianas, peladas, en rodajas
3 patatas/papas medianas, peladas, en cubos
1 manojo de berro, lavado y picado
225 g de espinaca, lavada
1,5 litros de agua o caldo de verdura o de pollo
sal y pimienta recién molida
2 cucharadas de perejil o cilantro fresco
*   o 1 cucharada de tomillo fresco*
125 ml de yogur natural, para la guarnición
(optativo)

Calentar el aceite en una cacerola grande. Cocer la cebolla y la patata unos 5 minutos. Agregar el berro y la espinaca; cocer otros 5 minutos. Cubrir con agua o caldo, hacer que rompa el hervor y cocer a fuego lento unos 30 minutos o hasta que la patata esté blanda. Retirar del fuego, mezclar y salpimentar. Decorar con hierbas frescas y un chorro de yogur al servir. 6 RACIONES

sopa marroquí de zanahoria

En los zocos o mercados de Marruecos es posible encontrar una mezcla exquisita de dulces y tiernas zanahorias y menta fresca, que no sólo es un deleite para el paladar, sino que también hace que los ojos disfruten de la noche marroquí a pleno. La zanahoria y la menta proporcionan mucho betacaroteno y vitamina C para mantener los ojos sanos, en tanto que las especias aseguran la buena circulación y brindan un brillo más intenso.

2 cucharadas de aceite de oliva
1 cebolla mediana, pelada, en rodajas
1 cucharada de raíz de jengibre fresca, picada fina
1 cucharadita de curry en polvo
50 g de arroz
1 kg de zanahorias, lavadas, cortadas en rodajas
1 litro de caldo de verdura o de pollo
sal y pimienta recién molida
2 cucharadas de hojas de menta fresca picada,
*   para la guarnición*

Calentar el aceite en una cacerola; agregar la cebolla y el jengibre y cocer unos minutos hasta que la cebolla esté tierna. Añadir el curry en polvo y el arroz; revolver sobre el fuego 1 minuto. Agregar la zanahoria y el caldo; hacer que hierva y cocer a fuego lento unos 20 minutos, hasta que el arroz y la zanahoria estén tiernos. Salpimentar a gusto y revolver. Decorar con menta al servir. 6 RACIONES

piel radiante

El cutis refleja el estado de salud interior, por lo tanto es importante eliminar las toxinas que congestionan los tejidos y producen marcas y manchas. Los chinos preparan una deliciosa y sencilla infusión, con exquisitas cerezas frescas, perfecta para mejorar la piel. Las cerezas –ricas en vitaminas A y C antioxidantes, calcio, magnesio, potasio y hierro– nutren la piel y los nervios, y ayudan a tener un aspecto joven. Al actuar sobre el funcionamiento del hígado, los riñones y los intestinos, aumentan la eliminación de toxinas.

La vitamina C produce colágeno y elastina, que ayudan a mantener la piel sin arrugas. La vitamina A la mantiene elástica, saludable y limpia de manchas, y asegura la rápida cicatrización. Las vitaminas B contribuyen al equilibrio funcional de la piel, así como también del sistema nervioso, porque incrementan la resistencia al estrés.

infusión china de cerezas

Para los chinos, la delicada flor del cerezo en primavera es un símbolo de juventud, fertilidad y belleza femenina. Aquí, el zumo de limón refuerza la vitamina C y las propiedades depurativas de la cereza, otorgándole una riquísima acidez.

1 cucharada de jalea de cereza
*   sin azúcar*
1 cucharadita de miel
2 cucharadas de zumo/jugo de limón
*   recién exprimido*
300 ml de agua hirviendo

Poner la jalea, la miel y el zumo de limón en una jarra. Agregar el agua hirviendo, revolver y dejar en infusión unos 5 minutos. Beber caliente. 1 RACIÓN

vichyssoise de puerros y guisantes

Esta sopa cremosa, de sutil color verde, dará elegancia a cualquier comida de verano cuando se tome fría. También, puede servirse caliente en invierno. En realidad, la vichyssoise es originaria de América, pero fue en el Ritz Carlton de Nueva York que se hizo conocida por un cocinero francés, llamado Louis Diat, proveniente de Vichy, la ciudad de los baños de salud. La combinación de puerros y guisantes proporciona nutrientes para la piel, así también asegura la eliminación de toxinas del organismo y mantiene el cutis limpio.

1 cucharada de aceite de oliva
4 puerros medianos, lavados,
*   en rodajas finas*
2 patatas/papas medianas, peladas,
*   en cubos*
100 g de guisantes/arvejas/chícharos
1 ramita de menta
600 ml de caldo de pollo o de verdura
sal y pimienta recién molida
150 ml de nata/crema líquida
*   o yogur natural*
cebollino/cebollín picado,
*   para la guarnición*

Calentar el aceite en una cacerola, agregar los puerros y las patatas, y revolver entre 5 y 10 minutos. Añadir los guisantes, la menta, el caldo y salpimentar. Hacer que rompa el hervor, tapar y cocer a fuego lento de 15 a 20 minutos. Cuando se enfríe, agregar la nata o el yogur. Servir con cebollino fresco. 4 RACIONES

cuajada tradicional inglesa de avena y ciruelas secas

Esta espesa bebida de aveña es un verdadero tónico para los nervios, que elimina la tensión y depresión; una de las mejores formas de mantener la piel joven y sana. La fibra de la avena acelera el paso de desechos por el intestino, en tanto que las ciruelas secas tienen propiedades laxantes, que hacen que esta bebida sea nutritiva y a la vez depurativa. El zumo de manzana contribuye también a la desintoxicación, al estimular el funcionamiento hepático e intestinal, y por su efecto diurético.

100 g de ciruelas secas
900 ml de agua
50 g de copos de avena
2 cucharadas de miel
450 ml de zumo/jugo
*   de manzana ácida*

Poner las ciruelas secas en agua y cocer a fuego lento en una cacerola tapada, unos 30 minutos hasta que estén tiernas. Quitar los huesos/carozos y agregar la avena, revolviendo hasta que la mezcla rompa el hervor. Sin dejar de revolver, cocer unos 5 minutos, hasta que espese. Añadir la miel, el zumo de manzana y revolver. Volver a calentar y servir. 4 RACIONES

aumentar la energía

Aunque sea un requisito vital para tener salud y bienestar, no necesariamente es fácil contar con una buena provisión de energía. Abundante aire puro y ejercicio son factores esenciales; una caminata a paso vivo de media hora, una vez por día, bastará para estimular la circulación, aliviar el estrés y ayudar a un sueño conciliador.

Los granos, las verduras y las frutas proporcionan las materias primas para nutrir el cuerpo, aumentar la resistencia al estrés y procurar una fuente abundante de energía. Un aparato digestivo que funcione correctamente extraerá los nutrientes necesarios y eliminará los desechos; ésta es la razón por la que las sopas hechas con esos alimentos contienen hierbas y especias digestivas, como perejil, cilantro, cebollino y tomillo.

Las deliciosas especias calóricas, como jengibre, clavo, canela y cardamomo, pueden estimular rápidamente la energía y vitalidad. Al actuar sobre la circulación, mejoran las funciones vitales del cuerpo y también alejan la sensación de cansancio y desgano. Cuando en invierno sienta depresión, pruebe a beber una infusión de jengibre o canela.

Los alimentos suculentos, como la avena y la cebada, son altamente nutritivos y de fácil digestión. La avena también es buena para sosegar la mente *(véase p. 134)*. En sopas y otras preparaciones, la avena y la cebada ayudan a aliviar el estrés y la fatiga.

café árabe de cardamomo

Delicioso café de Oriente Próximo que estimula cuando se requiere energía instantánea. Es la bebida perfecta para los aficionados al café, pues el cardamomo no sólo provee energía, sino también protege contra los efectos perjudiciales de la cafeína. El jengibre agrega vitalidad.

4 vainas de cardamomo abiertas
4 cucharadas colmadas de café molido fino
2 cucharadas colmadas de azúcar
600 ml de agua
1 cucharadita de jengibre molido,
*   para espolvorear*

Poner el cardamomo, el café y el azúcar en una cacerola con el agua. Hacer que rompa el hervor; bajar el fuego y cocer a fuego lento unos 20 minutos. Espolvorear con jengibre antes de servir en pocillos de café.

4 RACIONES

gachas para gladiadores

Los gladiadores romanos comían cebada para tener reservas duraderas de energía y fuerza física. Este caldo espeso y revitalizante hará lo mismo por usted. La chirivía, de dulce sabor, proporciona vigor por su contenido de azúcar y almidón; combinada con nutritivas patatas y con cebada en una sopa saludable, hacen un alimento ideal para los días fríos del invierno, que aumentará nuestra energía cuando nos sintamos desganados. Como es un reconstituyente digestivo, esta sopa es buena para ancianos y convalecientes. Además, el alto contenido de fibra beneficia a aquellos que cuidan el peso.

1 cucharada de aceite de oliva
1 cebolla mediana, pelada, en rodajas
1,5 litros de caldo de verdura o de pollo
50 g de cebada perlada o integral
perejil, cebollino/cebollín y tomillo en un ramito
   de hierbas
225 g de chirivías, peladas y en cubos
225 g de patatas/papas, peladas, picadas
el corazón de una col/repollo pequeña,
   desmenuzada
hojas de perejil o cilantro picadas,
   para la guarnición

Calentar el aceite en una cacerola grande y cocer la cebolla unos 5 minutos. Agregar el caldo, la cebada, el condimento y las hierbas; hacer que rompa el hervor; bajar el fuego y cocer a fuego lento unos 45 minutos. Añadir la chirivía y la patata; cocer a fuego un poco más alto, más o menos 30 minutos hasta que estén blandas. Agregar la col en los últimos 10 minutos de cocción. Retirar el ramito de hierbas y servir con perejil o cilantro. 6 RACIONES

sopa china de pollo y maíz

Esta sabrosa sopa nutritiva –tradicional tónico fortificante de Oriente– tiene todos los ingredientes que en China son famosos por sus propiedades energéticas. El jengibre y la cebolla estimulan la circulación, el pollo aumenta la fuerza y vitalidad, y el maíz tonifica todo el organismo.

1,5 litros de caldo de pollo
330 g de maíz/choclo desgranado dulce fresco
   o de lata
2,5 cm de raíz fresca de jengibre, rallada
300 g de pollo cocido, desmenuzado
6-8 cebolletas/cebollas de verdeo,
   en rodajas finas
1/2 cucharadita de aceite de sésamo
sal y pimienta recién molida
cilantro fresco picado, para la guarnición

En una cacerola, calentar el caldo unos minutos a fuego mediano; agregar el maíz, el jengibre y el pollo. Hacer que rompa el hervor; bajar el fuego y cocer a fuego lento unos 5 minutos. Añadir la cebolleta y el aceite de sésamo; salpimentar. Cocer unos minutos más; servir con cilantro. 6 RACIONES

cordial de jengibre

No es común la combinación de jengibre y albaricoque que se hace en esta receta, pero no cabe duda que recompensa la experiencia. Este cordial no sólo es delicioso, sino también excelente para aumentar la energía y vitalidad. El sabor fuerte del jengibre y sus propiedades estimulantes encienden el "fuego" en el cuerpo, activando la digestión y circulación, en tanto que los albaricoques –con su abundancia de nutrientes fácilmente digeribles y azúcares naturales– proporcionan las materias primas.

225 g de albaricoques/damascos/
*   chabacanos*
1 cucharadita de jengibre molido
1/2 cucharadita de canela molida
1/4 cucharadita de nuez moscada molida
1/2 cucharadita de pimienta de Jamaica
4 clavos
600 ml de ginger ale
1/2 cucharadita de zumo/jugo de limón

En abundante agua como para cubrir, cocer los albaricoques con las especias hasta que se ablanden. Hacer una mezcla homogénea. Agregar la *ginger ale* y volver a calentar. Añadir el zumo de limón a gusto y servir.
4 RACIONES

sopa italiana de tomate y tomillo

Una sopa sabrosa, de sabor intenso, que es de aspecto tan vibrante como la sensación que produce. Los nutritivos tomates son ricos en vitaminas A, C y E antioxidantes, así como también ácido fólico y hierro. Todos actúan como fortalecedores, al mismo tiempo que desintoxican el organismo. La cebolla y el ajo estimulan la circulación y dan vigor, mientras que el tomillo es perfecto como tónico revitalizante.

1 cucharada de aceite de oliva
1 cebolla mediana, pelada, en rodajas
2 dientes de ajo, pelados, picados finos
675 g de tomates maduros, sin piel, picados
300 ml de agua
1 cucharada de puré de tomates
1 cucharada de tomillo fresco picado
*   o 1 a 2 cucharadas del seco*
1 cucharadita de azúcar morena/negra (optativo)
sal y pimienta recién molida
queso fresco o yogur natural, para la guarnición
un poco de tomillo fresco, para la guarnición

Calentar el aceite de oliva en una cacerola grande y cocer la cebolla y el ajo a fuego lento, unos 5 minutos. Agregar el resto de los ingredientes y hacer que rompa el hervor. Cocer a fuego lento, con la cacerola tapada, unos 20 minutos. Retirar del fuego y pasar por un molinillo o chino fino. Volver a echar a la cacerola, calentar y salpimentar, si es necesario. Servir con queso fresco o yogur y tomillo. Es una sopa deliciosa caliente o fría. 4 RACIONES

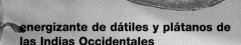

energizante de dátiles y plátanos de las Indias Occidentales

Espesa, homogénea y deliciosamente dulce, esta bebida da energía instantánea y duradera. Las especias cálidas y energizantes contrastan perfectamente con el puré de dátiles y plátanos más fresco, para formar una mezcla de sabores caribeños. Por su alto contenido de azúcar, los plátanos y dátiles son alimentos excelentes para cuando uno quema mucha energía. Brindan más vitalidad y resistencia y son ricos en minerales, como calcio y magnesio, que fortifican el sistema nervioso.

300 ml de leche (de arroz, almendras, avena,
*   soja, vaca o cabra)*
2 plátanos/bananas maduros
8 dátiles secos, sin hueso
una pizca de canela molida y otra de clavo
*   molido, para la guarnición*

Mezclar la leche, los plátanos y los dátiles en una licuadora; batir hasta que la mezcla esté cremosa y homogénea. Espolvorear con canela y clavo molidos antes de servir. 1 RACIÓN

pelo sano

El aspecto del pelo refleja el estado general de salud del cuerpo. Si se siente deprimido o agotado, el pelo pronto se pondrá opaco y sin vida. En el mundo de hoy, los factores clave que hacen que el pelo pierda salud y brillo son el estrés y una dieta inadecuada. Las bebidas nutritivas preparadas con ortiga, berro o perejil abundan en vitaminas A y B, y minerales como calcio, hierro, yodo, cinc y silicio. Todos esos elementos nutren perfectamente para que el cabello tenga un aspecto reluciente.

sopa de berro

Esta sopa de intenso verde –plato ideal para nutrir y acondicionar el pelo– no sólo sabe maravillosa, sino también contiene muchos nutrientes que son vitales para tener el pelo sano. Al estimular el apetito, la digestión y la absorción, el berro nutre y depura al mismo tiempo, produciendo un brillo de salud y vitalidad totales.

1 cucharada de aceite de oliva
3 patatas/papas medianas, peladas, en cubos
2 dientes de ajo, machacados
2 cebollas, peladas, en rodajas
2 manojos de berro, lavado y picado
1,5 litros de agua
125 ml de nata/crema líquida o leche
125 ml de vino blanco (optativo)
2 cucharadas de perejil, perifollo o mejorana fresco, picado fino
sal y pimienta recién molida
nata/crema líquida y ramitas de berro para la guarnición

Calentar el aceite en una cacerola grande. Saltear la patata, el ajo, la cebolla y el berro unos 5 minutos. Agregar el agua, hacer que rompa el hervor y cocer a fuego lento unos 30 minutos o hasta que las patatas se ablanden. Retirar del fuego y mezclar. Añadir la nata o la leche, el vino, las hierbas y batir; salpimentar. Servir con un poco de nata y ramitas de berro.
6 RACIONES

cerveza de ortiga

La cerveza de ortiga –bebida tradicional del campo para tener el mejor aspecto y sentirse con plenitud– contiene mucha vitamina A y C, calcio, hierro, silicio y potasio, todos elementos que promueven el crecimiento del pelo sano y brillante; es una bebida ligeramente alcohólica. La ortiga ayuda a estimular el crecimiento del pelo, la depuración del organismo y, en general, mejora la salud.

450 g de puntas tiernas de ortiga
la cáscara fina y el zumo/jugo de 1 limón
2,25 litros de agua
225 g de azúcar morena/negra
15 g de cremor tártaro
7,5 g de levadura de cerveza seca
cubitos de hielo
4 rodajas de limón y 4 ramitas tiernas de menta, para la guarnición

Poner las puntas de ortiga, la cáscara de limón y el agua en una cacerola grande. Hacer que rompa el hervor, bajar el fuego y cocer a fuego lento unos 30 minutos. Colar a un cubo de fermentación donde se haya puesto previamente el azúcar y el cremor tártaro; revolver vigorosamente. Según las instrucciones del envase, comenzar a preparar la levadura; agregar al mosto enfriado del recipiente, junto con el zumo de limón. Tapar y dejar que fermente en un ambiente cálido durante 3 días. Colar la cerveza de ortiga y pasarla a botellas de cristal grueso (no tapar la botella herméticamente, pues la cerveza es un tanto efervescente) y dejar en reposo una semana antes de beberla. Servir la cerveza en vasos con hielo. Adornar con limón y menta. 4 RACIONES

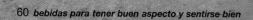

reconstituyente mediterráneo

Esta sabrosa combinación de ingredientes –una copa frutal para hacer relucir el pelo– asegura sentir un cosquilleo en la lengua, como también dejar el pelo radiante. El romero, un hermoso arbusto que crece silvestre en toda la costa mediterránea, estimula la circulación sanguínea en la cabeza y da sus nutrientes a los cabellos. Sus propiedades beneficiosas protegen contra el estrés y rejuvenecen todo el cuerpo.

150 ml de agua hirviendo
1 puñado de puntas tiernas de romero
   (con las flores, si es posible)
1 cucharada de miel
cubitos de hielo
600 ml de zumo/jugo de naranja
600 ml de ginger ale
ramitas de romero fresco, para la guarnición

Verter el agua hirviendo sobre el romero en una tetera o jarra térmica. Tapar y dejar en infusión entre 5 y 10 minutos. Colar con un chino, añadir la miel y batir. Dejar que se enfríe. Echar el almíbar de romero, el zumo de naranja y la *ginger ale*. Adornar con ramitas de romero fresco. 4 RACIONES

estimular el sistema inmunológico

Cuando en nuestro cuerpo bajan las defensas naturales, corremos el riesgo de sufrir infecciones, como bronquitis y neumonía; virus, como herpes y gripe; enfermedades autoinmunes, como artritis y esclerosis múltiple y, por supuesto, cáncer.

Un estilo de vida sano es el determinante de un sistema inmunológico eficiente, con consumo de abundantes alimentos naturales que sean nutritivos, una actividad y relajación equilibradas, y un mínimo de contaminación y estrés que son los que causan una gran tensión en este sistema. En la lucha contra las infecciones, las enfermedades autoinmunes y el cáncer, las frutas y verduras son las que desempeñan el papel más importante. No sólo contienen fibra, vitaminas y minerales, sino también sustancias biológicamente activas conocidas como fitoquímicos.

Para producir glóbulos blancos y anticuerpos, necesitamos comer bastante proteínas, ácidos grasos esenciales, vitaminas antioxidantes A, B, C y E y minerales, como cobre, hierro, magnesio, selenio y cinc. La deficiencia de sólo uno de esos nutrientes puede desencadenar efectos devastadores en nuestro sistema inmunológico. Por ejemplo, coma nueces de Brasil/Pará y otros frutos secos y semillas, además de pescado, para ingerir selenio; mineral antioxidante. Las verduras de hoja verde oscuro, las frutas rojas, como las grosellas, frambuesas y cerezas, los huevos y los granos integrales proveerán al cuerpo el hierro que necesita. Las verduras de la familia *Brasicae*, como el brócoli, la col/repollo y la coliflor, estimulan el sistema inmunológico y la producción de anticuerpos.

sopa de espinaca de Trinidad

La combinación –típica de las Indias Occidentales– del sabor fuerte de la espinaca y el dulzor de la leche de coco es deliciosa. En Trinidad toman una versión de esta sopa preparada con carne de cangrejo, llamada Callaloo. La espinaca, la cebolla y el ajo aumentan las defensas y combaten las infecciones. Los antioxidantes y el hierro que contiene la espinaca ayudan a combatir la infección, en tanto que existe la creencia de que los bioflavonoides ayudan a prevenir el cáncer.

1 cucharada de aceite de oliva
1 cebolla, pelada y picada
2 dientes de ajo, pelados
225 g de quingombó, lavado
2 patatas/papas medianas, peladas, en cubos
450 g de espinaca, lavada
1 litro de agua o caldo de verdura
250 ml de leche de coco
sal y pimienta recién molida
ralladura fresca de nuez moscada a gusto

Calentar el aceite en una cacerola grande, agregar la cebolla, el ajo, el quingombó y la patata. Cocer a fuego lento unos 5 minutos. Añadir la espinaca, tapar y cocer otros 5 minutos. Echar el caldo o el agua y hacer que rompa el hervor; cocer a fuego lento unos 15 minutos hasta que las verduras estén cocidas. Licuar, añadir la leche de coco y salpimentar. Volver a calentar y servir espolvoreado con nuez moscada. 4 RACIONES

infusión malaya de jengibre y limón

Infusión exótica que deja en el paladar un toque tropical de Extremo Oriente. Los aceites volátiles del jengibre –que le dan un maravilloso sabor picante– son altamente antisépticos, activan el sistema inmunológico y disipan las infecciones bacterianas y virósicas, como resfríos, amigdalitis, bronquitis y enteritis. El alto contenido de vitamina C del limón ayuda a combatir la infección y puede prevenir el cáncer. Las propiedades depurativas del limón y el jengibre contribuyen al sistema inmunológico, porque estimulan la eliminación de toxinas.

25 g de raíz fresca de jengibre, pelada, en rodajas
600 ml de agua
zumo/jugo de limón
miel a gusto

Poner la raíz de jengibre en una cacerola con agua. Hacer que rompa el hervor, tapar y cocer a fuego lento unos 20 minutos. Agregar el zumo de limón y endulzar con miel a gusto. Beber caliente.
2 A 3 RACIONES

skorthalia a la griega

Una de las salsas griegas más exquisitas y memorables, que recuerda las comidas en las montañas de Corfú, mojando pan y verduras y mirando brillar el sol sobre el mar Egeo. El ajo contiene sustancias que protegen contra las infecciones; puede bloquear el desarrollo del cáncer de casi cualquier tipo, incluido el de mama y el de colon.

2 patatas/papas medianas, peladas
4 dientes de ajo grandes, pelados
el zumo/jugo de 1 limón
150 ml de agua
150 ml de aceite de oliva
6 granos de pimienta negra
sal a gusto

Cocer la patata en agua hasta que esté tierna. Colar. Mezclar todos los ingredientes. Delicioso para agregar a sopas y guisados o como aderezo para pan, galletas o verduras crudas.
4 RACIONES

tónico frutal norteamericano

Los zumos de fruta recién hechos son muy populares y fáciles de beber en los bares de América del Norte y del Sur. Los pomelos rosados tienen alto contenido de vitamina C, que estimula el sistema inmunológico, y bioflavonoides, que ayudarían a prevenir el cáncer. Los bioflavonoides, los fenoles y los taninos de las manzanas y arándanos protegen contra el daño de los radicales libres y, en particular, contra las infecciones virósicas, como resfríos y herpes.

100 ml de zumo/jugo de pomelo rosado
100 ml de zumo/jugo de arándanos
100 ml de zumo/jugo de manzana
hojas de menta o toronjil/melisa,
	para la guarnición

Mezclar los zumos de fruta y adornar la copa con hojas de menta o de toronjil. 1 RACIÓN

salsa de Oriente Próximo

Aquí, algunas de las verduras favoritas de la cocina de Oriente Próximo se mezclan con ajo y chiles en una bebida vegetal muy picante, que despertará el paladar y estimulará las defensas. El pepino y el tomate ayudan a desintoxicar el organismo, en tanto que las vitaminas A, C y E, el hierro, el ácido fólico y los bioflavonoides fortalecen el sistema inmunológico.

2 tomates maduros, frescos, picados
1/2 pepino mediano, pelado y en cubos
2 cebolletas/cebollas de verdeo, picadas
1 diente de ajo
100 ml de zumo/jugo de tomate
una pizca de chile/ají picante en polvo
sal a gusto
cubitos de hielo (optativo)
1-2 cucharaditas de eneldo fresco, picado,
	para la guarnición

Poner todos los ingredientes, excepto el hielo y el eneldo, en una licuadora y batir. Agregar hielo cuando hace calor y adornar con eneldo fresco. 1 RACIÓN

tónico preventivo chino de canela y ginséng

Dulce, aromático y picante, es una de las más deliciosas decocciones chinas con hierbas. El aceite esencial de la canela es uno de los antisépticos naturales más fuertes que se conoce. Sus propiedades antibacterianas, antifúngicas y antivirósicas protegen contra una cantidad de infecciones de los aparatos urinario, respiratorio y digestivo. El ginséng aumenta la resistencia al estrés, ya sea mental o físico, mejora la acción de los glóbulos blancos y fortalece el sistema inmunológico. Es mejor como tónico preventivo y no para emplearlo en infecciones agudas.

15 g de canela en rama
1 cm de raíz de ginséng
600 ml de agua

Poner todos los ingredientes en una cacerola. Hacer que rompa el hervor y cocer a fuego lento tapado, unos 20 minutos. Colar y beber una taza dos veces por día. 2 A 3 RACIONES

infusión de tomillo griega

Puede decirse que el característico aroma del tomillo silvestre, que flota en el aire cálido de las montañas griegas, basta para aumentar las defensas contra la enfermedad. Los aceites volátiles que dan al tomillo su maravilloso sabor y perfume son altamente antisépticos, protegen contra las infecciones y tienen propiedades antioxidantes, que pueden ser beneficiosas para combatir las enfermedades degenerativas y el cáncer. Si lo desea, pruebe salvia en lugar de tomillo, pero durante el embarazo, es mejor no consumir estas dos hierbas.

4 cucharadas de hojas de tomillo frescas
* o 2 cucharadas del seco*
600 ml de agua hirviendo
miel a gusto (optativo)

Poner el tomillo en una tetera. Verter el agua hirviendo, tapar y dejar en infusión entre 10 y 15 minutos. Endulzar con miel si lo desea. Como bebida preventiva, beber una taza 2 o 3 veces por día. 2 o 3 RACIONES

estimular el cerebro

Cuando nuestra mente está ágil, nos sentimos bien y llenos de vida. Para lograr eso, debemos comer bien, hacer ejercicio físico regularmente y descansar y recargar las baterías. Los alimentos afectan la química del cerebro; cuando comemos lo que corresponde y cuando corresponde, es significativa la energía mental que podemos ganar.

Los alimentos que contienen ácidos grasos omega 3, como el pescado, los frutos secos y el queso de soja, estimulan el funcionamiento del cerebro; lo mejor es comerlos a mediodía. El ácido fólico de los aguacates, las frutas frescas y las verduras de hoja son el alimento para el cerebro, vital para la transformación de los aminoácidos en serotonina –elemento químico del cerebro– que afecta el estado de ánimo. La vitamina B_6 (verduras verdes, levadura de cerveza y setas/hongos) y la colina (lecitina, frutos secos, cítricos, germen de trigo, judías secas/porotos/frijoles y legumbres) forman un neurotransmisor –la acetilcolina– que es bueno para la función cerebral.

El cerebro depende en gran medida de la glucosa. El azúcar refinado proporciona energía rápida, pero no nutrientes. Los azúcares de los alimentos, como frutas y verduras, dan energía y también vitaminas, minerales y fibras importantes. El cerebro absorbe lentamente la glucosa de esos elementos, hecho que ayuda a mantener un flujo constante de energía, en lugar de picos y caídas.

Muchos de nosotros confiamos en estimulantes –en especial, té y café– para despertarnos por la mañana y mantenernos activos durante todo el día. Estos elementos son fuentes rápidas de energía seguidas de una caída que, a su vez, nos estimula para nuestra próxima cuota de cafeína. Una taza de café de vez en cuando puede resultar maravillosamente estimulante, cuando deba usar mucha energía mental. Sin embargo, la ingestión regular de cafeína conduce a la fatiga crónica, falta de concentración, ansiedad y a menudo insomnio. Para combatir la ansiedad y el estrés, elija bebidas que contengan tónicos cerebrales, como avena, almendras y ginséng.

chai hindú de la mañana

Para estimular el cerebro en la mañana, pruebe esta combinación vivificante de especias que no sólo provoca al paladar, sino también vigoriza la mente. La naturaleza cálida del ginséng, la pimienta negra y la canela aumenta la circulación y envía más sangre al cerebro, haciéndonos sentir más despiertos y ágiles mentalmente. El té negro agrega su sabor característico, pero es optativo. El excesivo efecto estimulante de la cafeína resulta equilibrado por el cardamomo.

4 vainas de cardamomo
2 ramas de canela
4 granos de pimienta negra
2 cucharaditas de ralladura fresca de raíz
 de jengibre
600 ml de agua
1-2 sobres de té, Earl Grey o Darjeeling
 (optativo)
50 ml de leche de soja
miel a gusto

Poner las especias en una cacerola con el agua. Tapar y calentar a fuego lento unos 20 minutos, sin que rompa el hervor. Retirar del fuego. Poner a infundir 1 o 2 sobres de té unos 5 minutos y retirar. Agregar la leche y la miel. Beber caliente. 2 o 3 RACIONES

infusión marroquí de menta

Un sorbo de esta tradicional infusión marroquí nos evoca al instante las calles y callejas laberínticas de las ciudades de Fez y Marrakesh, borricos y especias exóticas, zocos y bazares, donde el calor estival y el letargo se disipan de inmediato con esta bebida dulce, aromática y exquisitamente refrescante. Famosa entre los árabes como tónico para el cerebro, la menta estimula el flujo sanguíneo a la cabeza, despeja la mente, mejora la memoria y la concentración y activa la creatividad y la inspiración.

50-75 g de hojas de menta frescas
    (preferentemente menta verde o peperita)
1-2 cucharadas de azúcar (tradicional,
    pero es optativo)
1 litro de agua hirviendo

Poner la menta (y el azúcar si lo usa) en una tetera. Verter el agua hirviendo y dejar en reposo unos 5 minutos. Colar y servir en tazas o vasos con una ramita de menta. 4 RACIONES

leche de almendras

La leche de almendras –dulce y suave con un toque de especias– es un alimento ideal para el cerebro. La almendra es rica en fosfato de potasio, calcio y magnesio –todos ellos nutrientes esenciales para el sistema nervioso central–, aumenta la energía mental, mejora la memoria y la concentración y eleva la resistencia al estrés. La lecitina actúa como emoliente y proporciona colina, que es especialmente buena para la memoria. La leche de almendras es el sustituto ideal de la leche de vaca o de cabra.

100 g de almendras blanqueadas
600 ml de agua
2 cucharadas de lecitina granulada
miel a gusto (optativo)
una pizca de canela molida

Poner las almendras y el agua en una licuadora y batir. Agregar la lecitina y volver a batir. Endulzar con miel, si es necesario, y servir espolvoreado con canela. 2 RACIONES

antigua poción inglesa de avena

Tradicionalmente, esta bebida fuerte y amarga se hacía con cerveza y se servía en los *pubs* ingleses. Fue especialmente popular entre los obreros, porque les daba fortaleza para el largo regreso al hogar, después de un día de trabajo. La avena, rica en vitaminas y minerales, aumenta la energía física y mental. El germen de trigo proporciona colina, elemento vital para el cerebro.

1 puñado de avena
2 cucharadas de germen de trigo
300 ml de ginger ale
300 ml de agua
6 clavos
una pizca de nuez moscada molida
2,5 cm de raíz de jengibre, pelada y en rodajas
*   o rallada*
miel a gusto
unos trozos de cáscara de limón,
*   para la guarnición*

Poner todos los ingredientes, salvo la miel y la cáscara de limón, en una cacerola y hervir unos 30 minutos, revolviendo con frecuencia. Si la mezcla se pone muy espesa, agregar un poco más de agua o *ginger ale*. Endulzar con miel a gusto y servir con la cáscara de limón.
2 o 3 RACIONES

tónico de ginséng y cardamomo para el cerebro

Esta sabrosa decocción dulce y aromática es siempre muy recomendable para aquellos que desean mejorar su rendimiento mental. En India, el cardamomo es reconocido como uno de los mejores estimulantes, porque despeja la mente y mejora la concentración. El ginséng ha demostrado en las muchas investigaciones realizadas que mejora la memoria y la capacidad mental en general. Es particularmente útil para protegerse contra los efectos de la edad en el funcionamiento del cerebro.

25 g de raíz de jengibre seca
2 litros de agua
15 g de vainas de cardamomo

Poner el ginséng en una cacerola con agua. Hacer que rompa el hervor y cocer a fuego lento unos 30 minutos, hasta que el líquido reduzca a la mitad. Agregar el cardamomo, tapar y cocer a fuego lento, sin que hierva, durante más o menos otros 20 minutos. Colar. Beber una taza todas las mañanas. Guardar en el frigorífico y volver a calentar cuando sea necesario. 8 RACIONES

frío despertar

Cuando parece no haber otra cosa que una taza de café verdadero para poder terminar ese trabajo que venimos postergando durante semanas, pruebe esta versión fuerte de café helado. Resulta particularmente refrescante en un día caluroso de verano, después de una buena comida, cuando nos amenaza la modorra, a pesar de lo placentero que pueda parecer. En la tradición de Oriente Próximo, combinar cardamomo con café resulta un manjar y sabe delicioso.

1 cucharada de café recién molido
1 cucharadita de nuez moscada molida
1 cucharadita de cardamomo molido
600 ml de agua hirviendo
2 cucharadas de helado de vainilla
1 cucharada de miel
cubitos de hielo
un poco de cardamomo molido, para espolvorear

Poner el café, la nuez moscada y el cardamomo en un recipiente y verter el agua hirviendo. Dejar en reposo hasta que se enfríe. Colar a un bol o una licuadora y mezclar con el helado y la miel. Servir en vasos sobre cubitos de hielo y espolvorear con cardamomo molido. 2 A 3 RACIONES

3

bebidas para recuperar la salud

bebidas para recuperar la salud

Tal vez parezca extraordinario y para algunos increíble, pero la verdad es que los alimentos que ingerimos a diario –ésos que casi todos tenemos en la cocina o cultivamos en una huerta– nos proporcionan medicinas efectivas para prevenir y tratar casi todo tipo de enfermedad. Eso no es nada nuevo, pues nuestros ancestros dependían enteramente de ellos y les brindaron el respeto que merecían durante miles de años. Fue sólo en el último siglo que las drogas modernas superaron a aquellos remedios más suaves y aparentemente anticuados, tomados de la cesta de verduras y de la frutera; como consecuencia, nosotros nos olvidamos durante mucho tiempo de su sorprendente valor curativo.

Los científicos de todo el mundo aún siguen investigando nuevas curas para viejas dolencias, como enfermedades cardiacas, problemas circulatorios, infecciones, inmunodeficiencias y cáncer, siendo el reino vegetal la fuente principal de esos estudios. En descubrimientos apasionantes, identificaron sustancias químicamente activas en alimentos conocidos –como la col, la zanahoria, las judías secas, las manzanas y las cerezas– que nos ayudan a entender la razón por la que nuestros antepasados los empleaban como medicinas para enfermedades específicas y que nos permiten volver a valorarlos como bien lo merecen. Después de todo, los llamados remedios caseros, como el zumo de col para la artritis, el puerro para el dolor de garganta, la cebolla para el corazón, el ajo para las infecciones y la zanahoria para mejorar la visión, han mostrado su mérito en el mundo moderno de hoy.

Hay varias maneras en las que las plantas comestibles pueden beneficiar nuestra salud en forma directa. Éstas proporcionan al cuerpo distintos nutrientes vitales que permiten la reproducción de nuevas células, reparan el daño y combaten las enfermedades. El contenido de celulosa produce fibra que ayuda a mantener el intestino sano, porque no se descompone. Además, contienen una cantidad de componentes farmacológicamente activos –como mucílagos, aceites volátiles, antioxidantes y fitosteroles– que ejercen efectos específicamente terapéuticos. Para ilustrar, el tomate, la zanahoria, el perejil y las hojas de diente de león son ricos en betacaroteno y vitamina C antioxidantes, que pueden retardar el proceso de envejecimiento, aumentar las defensas y prevenir las enfermedades cardiacas y arteriales, así como también algunos tipos de cáncer. Los cítricos, las fresas, el brócoli, las cerezas, la papaya, las uvas y el melón son todos ricos en bioflavonoides que también actúan como antioxidantes. Asimismo, las propiedades antimicrobianas nos ayudan a combatir una gama completa de infecciones. También ejercen una relación sinergética con la vitamina C y tienen la capacidad de ligarse con metales tóxicos y excretarlos del organismo.

Cuanto más ampliamos el conocimiento de las sorprendentes propiedades terapéuticas de los alimentos, más podemos aprovecharlos para nuestro beneficio. Las comidas y bebidas pueden ser nuestras medicinas. Eso podrá comprobarlo en las páginas siguientes, donde encontrará recetas que no sólo hacen la boca agua, sino también están dirigidas a una amplia cantidad de dolencias comunes. Bebamos entonces a su salud y por su recuperación.

aliviar la tos

La forma natural de descongestionar las vías respiratorias es por medio de la tos. Es una respuesta refleja a cualquier sustancia que amenace con bloquear la garganta o los bronquios: partículas de comida, elementos irritantes de la atmósfera o irritación y flema por una infección.

Un sistema inmunológico sano es fundamental para resguardarse del resfrío y la tos, particularmente en invierno cuando las infecciones son frecuentes. Una buena dieta con ejercicio regular, descanso y relajación ayudarán a mantener controladas las infecciones. Realice mucho ejercicio al aire libre para mantener los pulmones sanos y trate de llevar a un mínimo la cantidad de horas que pasa en ambientes cerrados y calefaccionados.

Para optimizar la resistencia a las infecciones que provocan tos, existe una gran cantidad de remedios provenientes del reino vegetal que pueden ayudarlo. Los mejores son los alimentos con vitamina C, como cítricos, pimientos dulces, grosellas negras, moras, manzanas y verduras de hoja. Todos estimulan las vellosidades que recubren los bronquios en los pulmones y los ayudan a limpiarse de toxinas y agentes irritantes de manera eficiente.

La cebolla, el puerro y el ajo tienen propiedades antisépticas y pueden prevenir y eliminar infecciones del pecho. El nabo y las variedades de la familia *Brasicae*, como la col, estimulan el sistema inmunológico y también combaten la infección. La zanahoria es expectorante y puede descongestionar la flema de la garganta, en tanto que las especias, como el jengibre y la pimienta de Cayena, descongestionan las vías respiratorias.

cordial caribeño

Esta ardiente combinación de jengibre y limón –bebida curativa popular en las Indias Occidentales– calienta y estimula el aparato respiratorio, elimina las flemas y alivia la tos y la congestión. Rico en vitamina C, este cordial refuerza el sistema inmunológico para hacer frente a la infección.

50 g de jengibre, machacado
1 limón, en rodajas finas
1,5 litros de agua
900 g de azúcar morena/negra
agua mineral con o sin gas para diluir

En una cacerola tapada, poner la raíz de jengibre y el limón en agua. Hacer que rompa el hervor; cocer a fuego lento unos 45 minutos. Retirar del fuego, agregar el azúcar y revolver hasta que se disuelva. Colar a una botella, tapar y guardar. Para beber, diluir más o menos una tercera parte de cordial en dos terceras partes de agua.

jarabe de tomillo

Este perfumado jarabe dulce de Grecia es un remedio
excelente para todo tipo de tos. El tomillo es altamente
antiséptico y, por su acción expectorante, combate la
infección y descongestiona el pecho. Es un jarabe ideal
para los niños por su textura suave y aterciopelada, y
sabor delicioso.

50 g de hojas de tomillo frescas o secas
600 ml de agua hirviendo
300 ml de miel líquida
300 g de azúcar

Poner el tomillo en una tetera. Verter el agua hirviendo,
tapar y dejar en infusión entre 10 y 15 minutos. Calentar
la infusión con la miel y el azúcar en una cacerola
esmaltada o de acero inoxidable. Revolver la mezcla
cuando comience a espesar y espumar la superficie.
Dejar que se enfríe. Pasar a una botella con corcho y
guardar en el frigorífico. Tomar 2 cucharaditas, 3 veces
por día para casos crónicos y cada 2 horas para casos
agudos en los niños.

zumo de col y zanahoria

Este nutritivo zumo de verduras es una
alternativa excelente para una comida ligera,
cuando el cuerpo debe combatir una infección
y uno no desea cargar demasiado el estómago
con alimentos muy pesados. La col y la
zanahoria estimulan el sistema inmunológico y
la producción de anticuerpos; son remedios
buenos para luchar contra las infecciones
bacterianas y virales. Sus propiedades
antimicrobianas tienen afinidad con el aparato
respiratorio donde también ejercen una acción
expectorante. El agregado de apio hace que
esta receta sea más sabrosa, además de
proporcionar más vitaminas y minerales que
ayudan a subir las defensas.

250 ml de zumo/jugo de col/repollo
125 ml de zumo/jugo de zanahoria
125 ml de zumo/jugo de apio
hojas de cilantro fresco picado,
*   para la guarnición*

Mezclar los zumos de verduras y servir con una
ramita de cilantro. Beber una taza 3 veces por
día. 2 RACIONES

dolor de garganta

Ante la primera señal de dolor de garganta, el instinto probablemente nos lleve a hacer gargarismos con un antiséptico y preparamos para el embate de un resfrío o una gripe. Las bebidas adecuadas para el sistema inmunológico, al mismo tiempo alivian la aspereza y molestia que sentimos en la garganta. En tales casos, nunca debe faltar la tintura de equinacea. Beba un cuarto de cucharadita disuelta en un poco de agua, cada dos horas.

Para invertir todo el esfuerzo en combatir la infección, es mejor no sobrecargar el estómago con comidas difíciles de digerir y absorber. Las bebidas frutales con mucha vitamina C y bioflavonoides o los zumos de verdura que contengan vitaminas y minerales pueden reemplazar una comida completa. Frambuesas, cerezas, naranjas y limones, grosellas negras y arándanos, apio, remolacha, zanahorias y coles, todos son alimentos que forman parte de una gran selección en la que se puede escoger. Las sopas con abundante cebolla, ajo y puerro son ideales para aliviar el dolor de garganta y combatir la infección.

vinagre de frambuesa y sidra

Esta antigua receta inglesa con una excelente combinación de sabores dulce y amargo, es un remedio tradicional para aliviar el dolor de garganta. Las frambuesas contienen muchas vitaminas y minerales para el sistema inmunológico. Los efectos antisépticos y astringentes alivian el dolor y protegen las mucosas de la garganta contra la infección. La acidez del vinagre de sidra inhibe la acción de los microorganismos y, cuando se bebe con frecuencia, baja la inflamación.

1 kg de frambuesas frescas, lavadas
600 ml de vinagre de sidra

Poner las frambuesas en una jarra grande y llenar hasta tapar con vinagre de sidra. Dejar que maceren en un lugar fresco durante dos semanas. Colar con un cedazo de gasa y desechar la pulpa de las frambuesas. Guardar el vinagre en una botella limpia. Diluir 1 cucharadita en una taza de agua, o más a gusto, y beber 3 veces por día. Esta preparación también puede emplearse para hacer gargarismos.

infusión griega de salvia y tomillo

Esta tisana aromática es rápida y fácil de preparar e ideal para aliviar el dolor de garganta. A las primeras señales de molestia, beba una taza llena, más o menos cada 2 horas. Tanto la salvia como el tomillo son hierbas silvestres en las colinas de Grecia y los aceites esenciales que le dan el sabor tan característico poseen propiedades antisépticas y afinidad con el aparato respiratorio. Son remedios excelentes para resfríos, tos, fiebre y gripe que bien podría acompañar o empezar con un dolor de garganta. No se recomienda el tomillo ni la salvia a las embarazadas.

15 g de tomillo seco o 30 g de tomillo fresco
15 g de salvia seca o 30 g de salvia fresca
600 ml de agua hirviendo

Poner las hierbas en una tetera grande y verter el agua hirviendo. Tapar y dejar en infusión entre 10 y 15 minutos. Beber caliente. 2 o 3 RACIONES

limonada con especias

La conocida combinación de miel, limón y especias es exquisita y proporciona un remedio de resultados comprobados para aliviar el dolor de garganta y prevenir las infecciones respiratorias. Las especias cálidas, con sus aceites esenciales antimicrobianos y sus propiedades descongestivas, son perfectas para combatir el resfrío y la gripe. El zumo de limón y la miel son antisépticos excelentes con alto contenido de vitamina C, que refuerza el sistema inmunológico. La miel suaviza prodigiosamente la garganta.

1,2 litros de agua
100 g de azúcar
4 clavos
1/2 cucharadita de pimienta de Jamaica molida
1 rama de canela
el zumo/jugo de 4 limones
tiras de 3 a 6 cm de cáscara de limón,
*   para la guarnición*

Poner el agua en una cacerola para conservas, agregar el azúcar y las especias. Lentamente, hacer que rompa el hervor, tapar y cocer a fuego lento unos 10 minutos. Colar, añadir el zumo de limón y revolver. Beber caliente con un trozo de cáscara de limón. 4 RACIONES

inhibidores de la gripe

Si desea despedirse de resfríos y gripes, comience un tratamiento inteligente ante los primeros signos de dolor en las extremidades, la garganta, moqueo o estornudos. En primer lugar, el objetivo será eliminar las toxinas del organismo que puedan haber disminuido la vitalidad y aumentado el riesgo de infección y, en segundo lugar, aumentar las defensas para combatir la enfermedad.

cóctel *borscht* de remolacha

Este clásico favorito en Europa oriental ha sido empleado a lo largo de generaciones como alimento vital durante los largos y crudos inviernos. La remolacha gozó siempre de reputación para activar el sistema inmunológico, bajar la fiebre y acelerar la eliminación de toxinas a través del estímulo de las funciones hepáticas, intestinales y renales. Asimismo, agiliza el sistema linfático, aumentando las defensas, y contribuye a aliviar el catarro molesto y la congestión de las vías respiratorias. La zanahoria activa la función intestinal y el pepino acelera la eliminación de toxinas por medio de los riñones.

125 ml de zumo/jugo
   de remolacha/beterraga
125 ml de zumo/jugo de zanahoria
90 ml de zumo/jugo de pepino
1 cucharada de zumo/jugo de limón
1 cucharada de yogur natural
   cultivado

Mezclar todos los zumos y servir adornado con un par de cucharadas de yogur. Beber un vaso dos veces por día, mientras duren los síntomas agudos. 1 RACIÓN

infusión tradicional inglesa de flor de saúco y menta piperita

Tradicional receta del campo preparada con una combinación de ingredientes refrescantes y descongestivos. La menta ayuda a limpiar las vías respiratorias y aumenta la circulación, promueve la sudoración y por ello baja la fiebre. Los aceites volátiles de sabor fresco ejercen una acción antimicrobiana, estimulando el funcionamiento del sistema inmunológico. La flor de saúco también ayuda a aliviar el catarro, baja la fiebre, aumenta las defensas y desintoxica el organismo.

1 cucharadita de flores de saúco secas
   o 2 de las frescas
1 cucharadita de hojas de menta piperita secas o 2 de las frescas
600 ml de agua hirviendo
miel a gusto (optativo)

Poner las hierbas en una tetera y verter agua hirviendo. Tapar y dejar en infusión unos 10 minutos. Beber una taza cada 2 horas, si los síntomas son agudos. Endulzar con miel a gusto. 2 O 3 RACIONES

infusión condimentada de Cachemira

Según los antiguos preceptos de la medicina ayurvédica, el jengibre es la suprema entre todas las especias: induce a la calma y la meditación. Esta tradicional bebida hindú es una decocción de especias que activa la circulación, elimina la fiebre y ayuda al organismo a combatir las infecciones. Además, es un gran descongestivo nasal y del pecho.

15 g de raíz fresca de jengibre,
   en rodajas
1 rama de canela
4 clavos
4 granos de pimienta negra
1 cucharadita de semillas de cilantro
600 ml de agua fría
miel a gusto (optativo)
rodajas de limón (optativo)

Poner las especias y el agua en una cacerola y hacer que rompa el hervor. Tapar y cocer a fuego lento entre 10 y 15 minutos; colar. Endulzar con miel y agregar una rodaja de limón. Beber una taza –tan caliente como sea posible– de 3 a 6 veces por días, mientras duren los síntomas agudos. 2 O 3 RACIONES

congestión catarral

La nariz tapada, la garganta irritada y el pecho congestionado pueden hacernos sentir fatal y dar lugar a un catarro originado por las células secretoras de moco que producen más líquido, para diluir los agentes irritantes y excretarlos del organismo. La Infusión griega de salvia y tomillo *(véase p. 77)* cada dos horas es ideal para combatir infecciones molestas, como el resfrío y la gripe.

El catarro crónico debido al exceso de toxinas en el cuerpo puede aliviarse con bebidas depurativas, como la infusión de hinojo, los zumos de zanahoria y apio o la sopa de ortiga y col *(véase p. 133)*. Cuando la contaminación atmosférica, el humo, la pintura y la calefacción central contribuyen al catarro, pruebe decocciones suavizantes de regaliz, malvavisco y gordolobo. El catarro puede ser consecuencia de una alergia, como la fiebre del heno o la rinitis alérgica, relacionada con la sensibilidad a la caspa del pelo de animales, el polen de las plantas, la leche o los productos del trigo. Las bebidas preparadas con ortiga, camomilla, toronjil, milenrama y cilantro ayudan a reducir la sensibilidad.

Elimine de su dieta los alimentos que estimulan la formación de mucosidades, en especial los productos lácteos, el trigo y el azúcar, y beba zumos descongestivos preparados con frutas como cerezas, grosellas negras, fresas/frutillas, ciruelas, manzanas y mangos, y verduras como zanahorias, remolachas, espinaca y apio. Los alimentos y las hierbas picantes, como ajo, cebolla, puerro, jengibre, tomillo, canela y menta, estimulan el aparato respiratorio y ayudan a movilizar y licuar las flemas del catarro. También son expectorantes y eliminan las flemas del pecho.

melodía de Oriente Próximo

Las deliciosas hojas aromáticas del cilantro hacen que la mezcla dulce de zumo de zanahoria y naranja reviva en la lengua. Las zanahorias tienen la maravillosa capacidad de suavizar las membranas mucosas de todo el organismo, ayudando a reducir la irritación. Las propiedades depurativas y la acción expectorante son ideales para descongestionar las vías respiratorias. El cilantro fresco, como el zumo de naranja, es rico en vitaminas A y C y se ha empleado durante siglos en Oriente para aliviar el catarro y la rinitis alérgica.

125 ml de zumo/jugo de zanahoria
125 ml de zumo/jugo de naranja
4 cucharadas de hojas de cilantro fresco, picadas finas
cubitos de hielo
ramitas de cilantro fresco para la guarnición

Mezclar todos los zumos y el cilantro picado. Verter en un vaso que esté hasta la mitad de hielo y servir con ramitas de cilantro. 1 RACIÓN

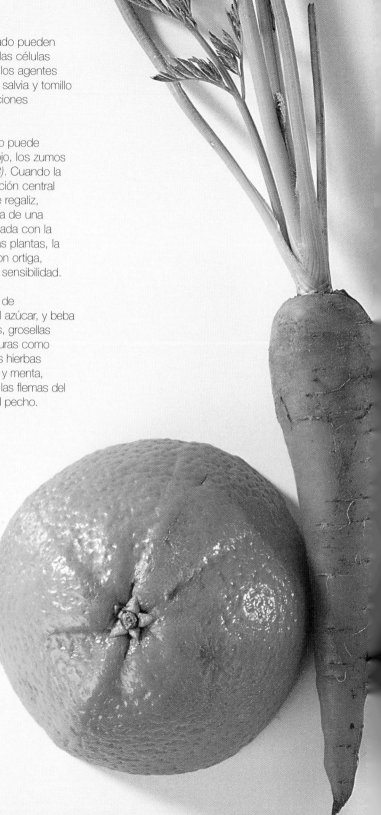

néctar de Nerón

Nerón, el emperador romano, era muy afecto a las cebollas y puerros a la hora de tratar un resfrío o dolor de garganta. La combinación inusual de cebolla y miel tal vez no sea la mejor para su paladar, pero los valientes siempre serán recompensados. La cebolla cruda es altamente antiséptica y su sabor picante estimula el aparato respiratorio, eliminando la congestión de nariz y pecho. La miel con sus propiedades antisépticas y expectorantes es el acompañamiento ideal para este cóctel.

2 cebollas medianas, peladas y picadas
2 cucharadas de miel

Poner la cebolla en un bol, rociar con miel y dejar tapado, a temperatura ambiente, durante toda una noche para elaborar el zumo. Tomar una cucharada cada 2 horas mientras duren los síntomas.

licuado africano de mango

En la Costa de Marfil, durante la estación de los mangos, se prepara un exquisito postre para aprovechar al máximo las bondades del mango maduro, que ve duplicado su beneficio como bebida para aliviar la congestión catarral. El mango actúa como maravilloso descongestivo del aparato respiratorio y su acción resulta ampliada por los efectos depurativos y astringentes de la lima. La leche de arroz se mezcla muy bien con la fruta y contribuye a ejercer una acción suavizante de las vías respiratorias.

2 mangos maduros
el zumo/jugo de 1/2 lima
300 ml de leche de arroz
ramitas de menta fresca, para la guarnición

Extraer toda la pulpa del mango y ponerla en una licuadora, junto con el zumo de lima y la leche de arroz. Licuar hasta que la mezcla quede homogénea y servir con hojas de menta fresca.
1 o 2 RACIONES

vino de cebollas

Quizá la forma más atractiva de consumir cebolla sea en este vino de efecto descongestivo y calórico. El sabor picante de la cebolla se combina bien con el ligero sabor ácido del vino blanco. La miel no sólo aumenta la efectividad de esta bebida para limpiar las vías respiratorias, sino también proporciona esa "cucharada de azúcar que ayuda a tragar el remedio".

300 g de cebolla, picada fina
4 cucharadas de miel
600 ml de vino blanco

Añadir la cebolla y la miel al vino en un frasco grande con tapa. Dejar en infusión unas 48 horas; agitar con frecuencia. Colar. Tomar una cucharada de 3 a 6 veces por día, según la gravedad de la congestión. Este vino puede conservarse en el frigorífico hasta 3 días.

dolores de cabeza y migrañas

De vez en cuando, todos sufrimos de dolor de cabeza, tal vez por estar resfriados o engripados o después de un día agotador o cargado de tensión. Sin embargo, algunas personas tienen la desgracia de sufrirlos una vez por semana, normalmente como resultado de tensión en la cabeza y los músculos del cuello. Otros factores desencadenantes incluyen problemas de visión, resaca, catarro, sinusitis, alergia e hipertensión.

Un bajo porcentaje de las personas que sufren dolores de cabeza llega a desarrollar migrañas –un tipo de dolor más intenso y debilitante– que a menudo puede estar acompañado de náuseas, vómitos, desórdenes de la vista y sensibilidad a la luz. Las migrañas son provocadas por el estrangulamiento y la dilatación de los vasos sanguíneos que van a la cabeza. Los que sufren de migrañas suelen ser perfeccionistas y personas que logran lo que se proponen, con tendencia a estar sometidas a tensiones y frustraciones. Es posible que esas personas deban encontrar formas de autoayuda para sentirse más relajados. Las mujeres suelen sufrir de migrañas más que los hombres, en especial antes o durante el período menstrual, como consecuencia de los cambios en los niveles de estrógeno.

Siempre es mejor prevenir que curar, cuando se es propenso a los dolores de cabeza o las migrañas. Son muchos los factores desencadenantes de estos problemas. No es buena idea saltearse comidas o hacer dietas muy estrictas, pues éstas pueden provocar hipoglucemia (bajo nivel de azúcar en sangre), que a su vez puede desencadenar un dolor de cabeza. Las bebidas cafeinadas y los alimentos con alto nivel de azúcar también predisponen a la hipoglucemia. Existen ciertas comidas y bebidas conocidas por actuar como desencadenantes, que deben evitarse cuando exista propensión al dolor de cabeza. En ese grupo se incluye café, té, chocolate, cacao, bebidas cola, extracto de levadura, naranjas, plátanos, quesos duros, alcohol, productos de cerdo y nata. Beba mucho líquido y coma regularmente abundante cantidad de pescado azul/de carne grasa, frutos secos y semillas, granos integrales y verduras frescas.

Antes de tomar los calmantes convencionales para evitar o aliviar el dolor de cabeza, pruebe algunas infusiones de hierbas que muy bien podrían solucionar el problema. Las primeras hierbas a las que puede recurrir para aliviar el dolor de cabeza y las migrañas son las hojas de laurel, piretro de jardín, ginkgo, romero, toronjil y menta piperita; en América Central y del Sur se emplean chiles, ya que la capsaicina, responsable del sabor picante, actúa como un maravilloso calmante.

calmante peruano

Esta fuerte combinación de dos de las especias más populares de Sudamérica tiene un sabor muy potente, por esa razón no es un remedio para pusilánimes. Las semillas de cilantro –con sus excelentes propiedades digestivas– son buenas para aliviar el dolor de cabeza provocado por desórdenes estomacales. El chile –al estimular la secreción de las endorfinas del cerebro– bloquea el dolor y al mismo tiempo induce a una maravillosa sensación de bienestar.

2 cucharaditas de semillas de cilantro Coriander
5 clavos Clove
1 cucharadita de chile/ají en polvo chili, red pe
600 ml de agua
miel a gusto

Poner las especias en una cacerola con el agua; hacer que rompa el hervor. Tapar y cocer a fuego lento unos 10 minutos. Endulzar con miel y beber 1/2 taza cuando lo necesite.
4 A 6 RACIONES

magia mediterránea

El aroma y sabor deliciosos de esta ligera tisana aromática evoca imágenes del mar y el sol del Mediterráneo; antes de que caiga en la cuenta, esos músculos tensos y apretados –producto de dolores de cabeza por estrés– ya se habrán relajado. La albahaca y el toronjil poseen maravillosos efectos calmantes y son el antídoto perfecto para una cantidad de síntomas relacionados en las tensiones, incluidos el dolor de cabeza y las migrañas.

1 cucharada de hojas de albahaca fresca basil
1 cucharada de hojas frescas de toronjil lemon balm
600 ml de agua hirviendo

Poner las hierbas en una tetera y verter el agua hirviendo. Tapar y dejar en infusión entre 10 y 15 minutos. Beber una taza cuando lo necesite.
2 o 3 RACIONES

zumo de zanahoria y romero

En esta receta, el sabor dulce y un tanto débil del zumo de zanahoria revive con el sabor característico y algo penetrante del romero. Con su capacidad para mejorar la función digestiva y hepática, y dilatar los vasos sanguíneos, la zanahoria ayuda a desintoxicar el organismo y mantener una buena circulación de sangre a la cabeza. Al mejorar la circulación, relajar la tensión y estimular el funcionamiento del hígado, el romero es uno de los mejores remedios para el dolor de cabeza y las migrañas.

125 ml de zumo/jugo de zanahoria
125 ml de zumo/jugo de apio
3 ramitas tiernas de romero fresco
pimienta recién molida

Mezclar los zumos de zanahoria y apio y el romero en una licuadora; sazonar con pimienta y beber de inmediato. Beber una taza regularmente, como remedio preventivo. 1 RACIÓN

dolores de cabeza y migrañas 83

sinusitis

La sinusitis es una afección molesta y a menudo dolorosa. La inflamación e infección de los senos –cavidades óseas alrededor de los ojos y las vías nasales– se desarrolla cuando se llenan de moco. La sinusitis aguda provoca dolor y presión en la zona de nariz, pómulos y frente, y a veces un intenso dolor de cabeza. Puede ser producto de una congestión catarral después de un resfrío o gripe o cuando se sufre de fiebre del heno. A menudo, la sinusitis crónica se relaciona con la contaminación ambiental o un exceso de toxinas en el organismo, o cuando acompaña la rinitis alérgica.

Para reducir la congestión catarral, procure beber mucho líquido para eliminar toxinas a través del sistema y evacuar bien los intestinos. Haga regularmente ejercicios aeróbicos al aire libre y, si trabaja en un ambiente cerrado, mantenga abierta una ventana siempre que sea posible. Hasta resolver el problema, es mejor eliminar de la dieta los alimentos que producen mucosidades, como los lácteos –en especial quesos grasos y leche– los cereales refinados –como el pan y las pastas– y el azúcar. A su vez, hay muchos ingredientes que puede emplear en las comidas y bebidas, que ayudarán efectivamente a eliminar el catarro y la infección.

Hay frutas, como grosellas negras, manzanas, arándanos, cerezas, limones, pomelos, mangos y piñas, que poseen propiedades descongestivas y estimulan al organismo para combatir la infección. De igual forma, las verduras –como puerros, cebollas, zanahorias y coles–, las hierbas –como ajo, borraja, flor de saúco, tila, cilantro, camomilla/manzanilla, menta, tomillo y toronjil– y las especias –como jengibre, canela, alcaravea y cayena– pueden emplearse en sopas, zumos e infusiones para aliviar el catarro y la infección de los senos. Es mejor beber estas infusiones calientes, pues el calor también ayuda a movilizar las flemas.

cura indígena panameña

Aparentemente, los indios Choco de Panamá comen guayabas maduras para aliviar el catarro y, por cierto, no hay forma más agradable de tratar la sinusitis. Con estas frutas dulces y suculentas se prepara un zumo deliciosamente exótico, combinado con mango y pomelo, que también elimina las flemas del organismo y proporciona un sinfín de nutrientes para que el sistema inmunológico combata la infección.

45 ml de zumo/jugo de pomelo rosado
90 ml de zumo/jugo de guayaba
90 ml de zumo/jugo de mango
hojas de toronjil fresco, para la guarnición

Combinar los zumos de fruta. Si hace calor, servir en vasos con hielo y unas hojas de toronjil. 1 RACIÓN

almíbar de col y cilantro

Tal vez ésta no parezca la más atractiva de las combinaciones, pero sin duda es un buen remedio para limpiar los senos. La col es un maravilloso desintoxicante que acelera la eliminación de toxinas del organismo. También, estimula el sistema inmunológico y la producción de anticuerpos; ejerce una acción desinfectante con particular afinidad con el aparato respiratorio. Las semillas de cilantro no sólo mejoran el sabor de la bebida; además aportan sus propias cualidades descongestivas y antisépticas.

2 cucharaditas de semillas de cilantro
1/2 col/repollo, picada fina
bastante miel líquida para cubrir la col

Machacar las semillas de cilantro en un mortero/molcajete. Poner las semillas machacadas en un bol, junto con la col y cubrir con miel. Dejar en reposo toda la noche y después colar el almíbar con un chino. Tomar 1 o 2 cucharaditas, 3 veces por día hasta que mejore el estado de los senos.

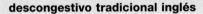

descongestivo tradicional inglés

La infusión caliente de flores de saúco, milenrama y menta piperita es una receta tradicional inglesa para aliviar los síntomas de resfríos, gripes, fiebre, catarro y congestión sinusal. Esta ligera tisana aromática sabe muy bien y es una buena bebida de invierno, pues estimula la circulación, elimina las flemas y aumenta las defensas del organismo. Sin embargo, también es una deliciosa bebida refrescante para el verano.

1 cucharadita de flores de saúco secas
    o 2 cucharaditas de las frescas
1 cucharadita de flores de tilo secas
    o 2 cucharaditas de las frescas
1 cucharadita de hojas de menta piperita
    secas o 2 de las frescas
1 cucharadita de milenrama seca
    o 2 de la fresca
600 ml de agua hirviendo
miel a gusto

Poner las hierbas en una tetera y verter agua hirviendo. Tapar y dejar en infusión entre 10 y 15 minutos. Endulzar con miel a gusto y beber una taza caliente, de 3 a 6 veces por día, hasta que se disipe la congestión. 2 o 3 RACIONES

fiebres infantiles

La fiebre producida por enfermedades infantiles es una respuesta importante y vital a las toxinas y una oportunidad para que el organismo del niño elimine los desechos acumulados no sólo durante su corta vida, sino también las heredadas de sus padres en la etapa de desarrollo embrionario.

Podemos ayudar a este proceso dejando de alimentar al niño con sólidos que le produzcan más fiebre y administrando sólo líquidos. Eso estimula la sudoración y elimina las toxinas tanto a través de los poros de la piel como por los riñones y la vejiga. Existen ciertas hierbas que ayudan muy bien a aumentar la sudoración y que en los cuadros febriles serían ideales; incluyen albahaca, flor de tilo, toronjil, flor de saúco, menta piperita, milenrama, camomilla, jengibre y canela.

Las bebidas preparadas con frutas, verduras y hierbas –ricas en vitaminas, minerales y oligoelementos– proveen nutrientes para que el sistema inmunológico combata la infección. Aquellas que tengan una ligera acción laxante también ayudarán a acelerar el proceso de depuración. Entre todas las frutas y verduras beneficiosas se cuentan manzanas, albaricoques, moras, arándanos, grosellas negras, zanahorias, guisantes/arvejas/chícharos, apio, ajo y cebollas.

cordial inglés de moras

Este fuerte cordial dulce resulta delicioso para los niños y representa un gran remedio para ayudar al organismo a combatir la infección y al mismo tiempo bajar la fiebre. Las moras tienen mucha vitamina C y bioflavonoides, ejercen una acción descongestiva y desintoxican el organismo por los efectos laxantes y diuréticos. Las especias aumentan la sudoración al estimular la circulación y poseen fuertes propiedades antimicrobianas.

900 g de moras maduras o cantidad suficiente para producir 600 ml de zumo/jugo
6 cucharadas de miel líquida
10 clavos
5 rodajas de raíz de jengibre fresca
1 cucharadita de canela molida

Pasar las moras maduras y crudas por un chino para hacer el zumo. Poner en una cacerola y agregar la miel y las especias. Hacer que rompa el hervor a fuego lento, revolviendo hasta que la miel se disuelva. Cocer a fuego lento unos 5 minutos. Dejar que se enfríe. Para beber, añadir agua caliente y diluir a gusto. Beber una taza cada 2 horas.

infusión de tila y toronjil a la francesa

Esta ligera infusión perfumada con un dejo a limón –exquisita para los franceses– es un remedio excelente para bajar la fiebre en los niños. Cuando se bebe caliente, tanto el toronjil como las flores de tilo ejercen una acción diaforética, aumentando la provisión de sangre al nivel de la piel y produciendo sudoración. También, la infusión tiene efecto descongestivo y acelera el proceso de los dolores de garganta, los resfríos, la tos y la gripe.

2 cucharaditas de flores de tilo frescas o 1 de las secas
2 cucharaditas de toronjil fresco
600 ml de agua

Poner las hierbas en una tetera y verter el agua hirviendo. Tapar y dejar en infusión unos 10 minutos. Endulzar con miel. Beber una taza de infusión caliente cada dos horas. 2 o 3 RACIONES

infusión de grosellas negras y manzanas

Deliciosa bebida refrescante, con fuerte sabor afrutado, que a sus hijos les encantará beber durante el día cuando tengan fiebre. Las tres frutas de la receta tienen propiedades antisépticas y son ricas en vitamina C y bioflavonoides, que ayudan al organismo a combatir la infección. Al mismo tiempo, ejercen una acción descongestiva y ayudan a aliviar la congestión catarral que acompaña a las infecciones respiratorias, las que a menudo provocan un cuadro febril en los niños.

2 manzanas, sin el corazón y picadas
50 g de grosellas negras
450 ml de agua
2 cucharaditas de zumo/jugo de limón
miel a gusto

Poner la manzana y las grosellas en una cacerola con el agua; hacer que rompa el hervor. Cocer a fuego lento unos 10 minutos; colar. Añadir el zumo de limón, la miel y revolver; servir caliente.

2 RACIONES

resaca

Un espantoso dolor de cabeza y el gusto horrible en la boca son el precio que muchas veces pagamos por una noche de fiesta o incluso por beber unas pocas copas con un amigo. Naturalmente, la mejor forma de evitar una resaca es beber alcohol con moderación o no beber nada. En algunas circunstancias sólo una o dos copas bastan para hacernos sentir mareados al día siguiente. Eso puede ser consecuencia de beber con el estómago vacío o cuando uno es particularmente susceptible a los efectos del alcohol; cuando sólo se bebe de vez en cuando o si el hígado es un tanto perezoso en su funcionamiento, es posible sufrir más que otros.

El alcohol actúa como diurético, aumentando el flujo de orina, y calienta el cuerpo produciendo sudoración. La deshidratación como resultado de la micción y la sudoración excesivas es la causa principal de una resaca. La pérdida de minerales y oligoelementos vitales a través de la orina también contribuye a los dolores de cabeza. Ésa es la razón por la cual se recomienda a la gente beber mucha agua antes y después de una noche de juerga. Asimismo, es bueno comer algunos entremeses o una comida completa mientras bebe, pues eso retardará la absorción de alcohol en el torrente sanguíneo y permitirá al hígado asimilarlo adecuadamente. En este sentido, también es importante beber lentamente a lo largo de un lapso de horas.

Desgraciadamente, no existe una cura natural de la resaca que garantice nuestra capacidad para beber toda la noche y funcionar bien al día siguiente. Sin embargo, hay algunas formas de minimizar el castigo de beber moderadamente. El alcohol afecta la absorción y el metabolismo de nutrientes, incluidos las vitaminas A, B y C, el calcio, el magnesio y el cinc. Las vitaminas A y C de los zumos de frutas y verduras frescas aportarán de nuevo los nutrientes y rápidamente ayudarán a eliminar los efectos del alcohol sobre el organismo. Por esa razón, un vaso de zumo de pomelo o manzana antes y después de beber podría ser la solución. La fructosa del zumo de frutas también ayuda al organismo a metabolizar el alcohol más rápido, mientras que el líquido de tales bebidas elimina las toxinas del sistema y reemplaza los líquidos perdidos por deshidratación.

calmante de Sri Lanka

Hace mucho que los médicos ayurvédicos recomiendan esta bebida de sabor ácido y un tanto exótico para aliviar los síntomas de los excesos en la bebida. La lima y el pomelo proporcionan mucha vitamina C y fructosa que ejercen efectos depurativos y sirven para recuperar el hígado hiperactivo y ayudar al metabolismo a eliminar toxinas. El comino dulce y picante ayuda a la digestión, al hígado y aumenta nuestra capacidad para eliminar toxinas, incluido el alcohol.

600 ml de zumo/jugo de pomelo
2 cucharaditas de zumo/jugo de lima
1 cucharadita de comino molido

Mezclar todos los ingredientes y beber preferentemente antes y después de consumir alcohol. 2 o 3 RACIONES

calmante romano

Si bien el sabor del zumo de col tal vez no resulte atractivo para todo el mundo, en especial cuando uno se siente un poco frágil a la mañana siguiente de un desarreglo, es uno de los mejores remedios para la resaca. Los sabores característicos del apio y el cilantro hacen un buen trabajo para disimular el sabor y ayudar a reducir los efectos intoxicantes del alcohol. La col fue muy apreciada por los romanos que la emplearon para evitar la borrachera y como remedio para el dolor de cabeza y la resaca. Ahora sabemos que contiene glutamina, una sustancia que protege al hígado contra los efectos del alcohol.

250 ml de zumo/jugo de col/repollo
250 ml de zumo/jugo de apio fresco
2 cucharaditas de hojas de cilantro fresco

Mezclar los zumos de verdura, añadir el cilantro y revolver para servir; dejar unas hojas aparte para acompañar. 2 RACIONES

almíbar isabelino de romero y limón

Un vaso o dos de este cordial maravillosamente aromático pronto lo pondrá nuevamente en pie. Los boticarios ingleses del siglo XVII solían emplear el romero como cura para la resaca. Eso no es difícil de comprender, puesto que el componente amargo que contiene el romero estimula al hígado y ayuda a desintoxicar el organismo. También, el zumo de limón actúa como tónico para el hígado, en especial cuando se bebe con el estómago vacío; además, ayuda a reponer la vitamina C.

600 ml de ramitas de romero, ligeramente
*   prensadas en una jarra de medida*
600 ml de agua hirviendo
zumo/jugo de limón
450 g de azúcar

Poner el romero en un recipiente o una jarra y verter el agua hirviendo. Tapar y dejar en infusión unos 10 minutos. Colar a una cacerola y agregar el zumo de limón y el azúcar. Calentar lentamente, revolviendo hasta que el azúcar se disuelva. Dar un hervor rápido de 5 a 8 minutos o hasta que el almíbar empiece a espesar. Retirar del fuego y cuando se enfríe llenar frascos o botellas. Cerrar herméticamente los recipientes con tapa cuando el almíbar esté frío. Tomar 1 o 2 cucharadas, según sea necesario, hasta que ceda la resaca.

insomnio

Una buena noche de sueño, de no menos de seis a ocho horas, es vital para la salud en general y para permitirnos funcionar de la mejor forma durante las horas en que estamos despiertos. En gran medida, el insomnio es consecuencia del estrés y las tensiones, con frecuencia relacionados con algún momento de agitación en nuestra vida, la pérdida de algún ser querido, preocupaciones económicas o depresión. Antes de correr a ver a un médico para que recete píldoras para dormir, pruebe algunos tratamientos y técnicas naturales que no generan adicción y pueden mejorar la salud de verdad.

Procure comer bien e incluir abundantes alimentos que nutran el sistema nervioso, como avena, granos integrales, frutas y verduras frescas, frutos secos y semillas. Si tiene problemas para dormir, siempre es mejor evitar estimulantes como el azúcar, los dulces, la cafeína y el tabaco, en especial cerca de la hora de ir a dormir. Evite también estimular el cerebro de noche quedándose a trabajar para adelantar las tareas que le hayan quedado pendientes durante el día. Es mejor entrenar al cuerpo para dormir de noche haciendo algo que nos relaje.

No coma mucho cerca de la hora de dormir e intente ir a la cama en el mismo horario cada noche, de manera de desarrollar un buen hábito de sueño. Tome una bebida reconfortante, como leche caliente con miel, infusión de toronjil, lavanda, camomila o flor de tilo antes de ir a la cama y si tiene un poco de hambre por haber cenado muy temprano, coma algo ligero para no despertarse con apetito en medio de la noche. No olvide hacer ejercicios regularmente, pues ése es el gran antídoto contra el estrés que puede provocarle insomnio.

calmante escandinavo

No importa dónde vaya, en Escandinavia siempre encontrará eneldo, exquisita hierba aromática que condimenta platos de verduras, salsas, sopas y ensaladas. Son las mismas sustancias las que dan al eneldo su exquisito sabor y ejercen un efecto maravillosamente relajante sobre los músculos lisos del cuerpo y sobre el sistema nervioso central. Es perfecto en esta sopa de lechuga que durante siglos ha sido un remedio famoso para las tensiones nerviosas y el insomnio.

1 cucharada de aceite de oliva
2 cebollas medianas, peladas y en rodajas
2 patatas/papas, peladas y en cubos
1 diente de ajo, machacado
1 lechuga grande, picada
900 ml de caldo de verdura o de pollo
sal y pimienta recién molida
3 cucharadas de yogur natural espeso
2 cucharadas de eneldo fresco, picado

Calentar el aceite en una cacerola grande y saltear lentamente la cebolla, la patata y el ajo unos 5 minutos. Agregar la lechuga junto con el caldo; salpimentar. Hacer que rompa el hervor, tapar y cocer a fuego lento unos 20 minutos. Dejar que se enfríe un poco antes de revolver. Añadir el yogur y la mitad del eneldo; llevar al frigorífico más o menos 3 horas. Servir con el resto de eneldo. 4 RACIONES

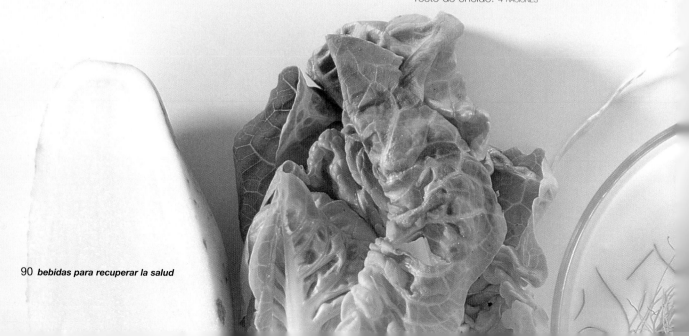

infusión inglesa de lechuga

El látex blando que exuda del tallo de la
lechuga cuando se la recoge de la tierra se
conoce como "opio de lechuga", pues se
asemeja en su aspecto y acción al opio que
se extrae de la adormidera. La verdura entera
ejerce un efecto sedante, ayuda a calmar la
ansiedad e induce al sueño. La infusión de
lechuga es, en realidad, una antigua receta
para el insomnio muy conocida por los
ingleses. La menta ayuda a contrarrestar el
ligero amargor de la lechuga y hacer que sea
una bebida verdaderamente agradable a la
hora de dormir.

3-4 hojas de lechuga grandes
300 ml de agua
2 ramitas de menta fresca

En una cacerola tapada, cocer a fuego lento
las hojas de lechuga en agua, unos 15
minutos. Retirar del fuego y añadir la menta.
Dejar que cueza otros 5 minutos. Colar y
beber antes de irse a dormir. 1 RACIÓN

infusión griega de camomilla y tila

El dulce aroma a miel de los tilos en flor que
perfuman las noches de la antigua Corfú
alcanza para relajar la tensión muscular e
inducir a una noche de sueño reparador.
Ponga las flores en una tisana, junto con las
de camomilla –igualmente relajantes, que
crecen silvestres en toda la isla durante el
verano– y tendrá un remedio excelente para el
insomnio. Beba una taza antes de ir a dormir.

2 cucharadas de flores de tilo
2 cucharadas de flores de camomilla/
  manzanilla
600 ml de agua hirviendo
miel a gusto

Poner las hierbas en una tetera y verter agua
hirviendo. Tapar y dejar en infusión unos 10
minutos. Endulzar con miel, si es necesario.
2 o 3 RACIONES

artritis

La inflamación, el dolor y la rigidez en las articulaciones resultado de la artritis –ya sea reumatoidea, osteoartritis o gota– pueden llevar a la invalidez. Usted mismo puede tomar los recaudos para ayudarse a prevenir el principio o aliviar los síntomas de la artritis: ser cuidadoso con lo que se come, corregir la postura, hacer mucha gimnasia, tomar precauciones para aliviar el estrés y las tensiones emocionales, y no subir de peso.

En verdad, ciertos alimentos pueden contribuir a la inflamación de articulaciones; responsables concretos son los tomates y otros miembros de la familia de las patatas, los cítricos y otras frutas amargas (como las fresas y el ruibarbo), el azúcar, las carnes rojas, los productos de cerdo y el alcohol. Son otros los alimentos que pueden ayudar efectivamente a un cuerpo que sufra de artritis; tales reconstituyentes incluyen alcachofas, perejil, espárragos, brócoli, col y otras verduras de la familia de ésta, achicoria y nabos. Los caldos ricos en nutrientes con col, apio y zanahorias proporcionan sustancias vitales para los huesos y cartílagos, y ayudan al cuerpo a reparar el desgaste constante de las articulaciones.

cura del doctor jarvis

Esta combinación agridulce –tradicional receta de Vermont, EE.UU– debe beberse con frecuencia para mejorar la salud. Al corregir el equilibrio del pH del organismo y depurar el sistema de toxinas, el vinagre de sidra ayuda a aliviar malestares y dolores. También mejora el metabolismo del calcio en el cuerpo. Los efectos relajantes de la miel aumentan las propiedades para aliviar el dolor.

1 cucharada de postre de vinagre de sidra
1 cucharadita de miel
250 ml de agua caliente

Agregar el vinagre y la miel a una taza de agua caliente y beber por la noche, antes de ir a dormir. 1 RACIÓN

refresco de col

Riquísima sopa caliente que baja el calor generado en las articulaciones atacadas de artritis. Esta sopa –espesa, cremosa y llena de deliciosas verduras crujientes– proporcionará un sinfín de nutrientes que ayudan a reparar el desgaste de las articulaciones. En especial, la col elimina las toxinas y el ácido úrico del organismo y resulta un buen antinflamatorio.

1 cucharada de aceite de oliva
2 cebollas medianas, peladas y en rodajas
3 zanahorias medianas, lavadas y cortadas
  en cubos
2 tallos de apio, lavados y en rodajas
1 puerro mediano, lavado y cortado
  en rodajas finas
1,2 litros de caldo de verdura o de pollo
sal y pimienta recién molida
1 col/repollo mediana, desmenuzada
300 ml de nata/crema o yogur natural
perejil fresco, para la guarnición

Calentar el aceite en una sartén, agregar las verduras, salvo la col, y revolver a fuego lento entre 5 y 10 minutos. Añadir el caldo y salpimentar; tapar y hacer que rompa el hervor; bajar el fuego y cocer a fuego lento unos 30 minutos. Cocer la col en un poco de agua unos 5 minutos, hasta que esté ligeramente blanda. Agregar a la sopa con la mitad de la nata (o el yogur) y calentar a fuego lento. Servir con el resto de la nata (o el yogur) y el perejil. 4 RACIONES

zumo egipcio para las articulaciones

Este zumo –famoso desde los tiempos de los faraones por aliviar dolores y malestares– combina los sabores contrastantes del aromático apio y la dulce zanahoria. Un dúo sabroso que representa una maravillosa bebida para todos los problemas inflamatorios de las articulaciones. Tanto el apio como la zanahoria son ricos en nutrientes que sirven para reparar articulaciones; contienen vitaminas antioxidantes A y C que ayudan a prevenir las enfermedades degenerativas. También ayudan a la digestión y a eliminar las toxinas y el ácido úrico del organismo.

125 ml de zumo/jugo de apio
250 ml de zumo/jugo de zanahoria
3 ramitas de perejil
sal y pimienta recién molida

Mezclar todos los ingredientes en una licuadora. 1 RACIÓN

artritis 93

anemia

Si se siente cansado, deprimido, tal vez irritable, o si sufre dolores de cabeza, mareos o fatiga respiratoria, es posible que esté anémico. Es importante establecer la causa de la anemia para solucionar el problema correctamente. Si su dieta es baja en hierro o ácido fólico, las bebidas preparadas con verduras de hoja verde y hierbas reforzarán la ingestión. Los albaricoques y las ciruelas secas son ricas en hierro, en tanto que los tomates, los berros y la espinaca contienen no sólo mucho hierro, sino también ácido fólico. Para asegurar la absorción adecuada de esos nutrientes, es vital una buena digestión. El té, el café y el alcohol pueden inhibir la absorción, así como puede hacerlo una deficiencia de vitamina E.

tónico reconstituyente de naranja y ciruela seca

La ciruela seca dulce, de textura aterciopelada, combina bien con la acidez del zumo de naranja, para producir un delicioso remedio agridulce para la anemia. El rico contenido de vitamina C de la naranja aumenta perfectamente la absorción de hierro de las ciruelas secas. Al restaurar el equilibrio natural de la flora bacteriana del estómago y los intestinos, y mejorar la absorción, tanto el yogur como la canela ayudan a que la digestión aproveche lo mejor de este tónico rico en hierro.

6 ciruelas secas sin hueso
100 ml de zumo/jugo de naranja
   fresco
1 cucharada de yogur natural cultivado
una pizca de canela molida

Mezclar las ciruelas secas, el zumo de naranja y el yogur en una licuadora. Beber espolvoreado con canela.
1 RACIÓN

licuado de berro, espinaca y tomate

El rico color verde oscuro de este sorprendente tónico casi podría hacerlo sentir mejor con sólo mirarlo, al saber que contiene una gran cantidad de nutrientes que restauran la energía y vitalidad. El alto contenido de vitamina C del berro, la espinaca, el tomate y el zumo de limón procuran la absorción del contenido de hierro y ácido fólico, también ayudado por la vitamina E del berro. El sabor picante de la salsa Worcestershire y la pimienta de Cayena agrega un delicioso sabor a esta receta, mientras que estimula la digestión y la absorción.

500 g de tomates maduros, pelados
4 hojas grandes de espinaca, lavadas
1/2 manojo de berro, lavado
1 cucharadita de salsa de soja
2 cucharaditas de zumo/jugo de limón
1 cucharada de salsa Worcestershire
una pizca de pimienta de Cayena
sal marina a gusto
5 cubitos de hielo
una pizca de tomillo, para la guarnición

Mezclar todos los ingredientes en una licuadora. Colar y servir con tomillo.
3 O 4 RACIONES

tónico chino de albaricoque y pomelo

Para los chinos, los albaricoques y pomelos tienen sabor agridulce. Los primeros son reconocidos como tónico fortalecedor, en tanto que los pomelos benefician al estómago y restauran la armonía del chi estomacal. Los chinos consumen miel para mejorar la digestión y combatir la anemia. El hierro del albaricoque y el ácido fólico y la vitamina C del pomelo se combinan para preparar esta deliciosa bebida que aplaca la sed y es un remedio ideal para aquellos que están agotados o anémicos.

4-6 albaricoques/damascos/
  chabacanos
2 cucharaditas de miel
300 ml de zumo/jugo de pomelo
nuez moscada molida para espolvorear

Cocer los albaricoques en abundante agua, hasta que se ablanden. Escurrir. Añadir la miel y revolver mientras los albaricoques estén calientes. Agregar el zumo de pomelo y licuar. Espolvorear con nuez moscada antes de beber.

1 RACIÓN

manos y pies fríos

La mala circulación puede hacer que usted sienta el frío más que otros, en especial en las extremidades. Es posible que esté pálido y suela sufrir problemas, como sabañones, desgano, digestión lenta y estreñimiento, en particular durante el invierno. Las personas con mala circulación pueden haber nacido con ese problema, aunque también es posible relacionarlo con trastornos como estrés, tensiones, vida sedentaria, debilidad o envejecimiento del músculo cardíaco o endurecimiento de las arterias.

La gimnasia es excelente para hacer circular la sangre y fortalecer el corazón. Evite el tabaco, que estrecha los vasos sanguíneos y estimula la formación de plaquetas en las arterias, limitando la circulación. Reduzca la ingestión de café o té, ya que ambos también estrechan los vasos sanguíneos y exacerban la tensión. Procure mantener el calor cuando hace frío y no use prendas ajustadas que podrían cortar el flujo sanguíneo.

A la hora de hablar de las comidas y bebidas, lo mejor es evitar todo lo que sea frío. Unas deliciosas sopas calientes con muchos ingredientes calóricos, como ajo, cebolla y puerro, condimentadas abundantemente con jengibre, pimienta de Cayena o mostaza para estimular la circulación, le darán calor de la cabeza hasta la misma punta de los dedos de pies y manos. Una taza humeante de infusión de jengibre será beneficiosa tanto bebida como en un baño de pies durante 10 minutos. Los ingredientes ricos en calcio, magnesio y vitamina E –como frutos secos y semillas, granos integrales y verduras de hoja– alivian el estrechamiento de los vasos sanguíneos y mejoran la circulación.

Los alimentos ricos en hierro y vitamina C –como berro, perejil, albaricoques, ciruelas secas y grosellas negras– dilatan las arterias y ayudan a prevenir la anemia, que aumenta la sensibilidad al frío. Los aceites grasos esenciales omega 3, como los que encontramos en el pescado azul/de carne grasa, el aceite de onagra/capa de San José y el aceite de linaza, mejoran la circulación y ayudan a prevenir los depósitos grasos en las arterias.

zinger de Zanzíbar

Esta combinación exótica de pomelo y una cantidad de especias da por resultado una bebida maravillosamente calórica para un día frío de invierno. El pomelo es rico en vitamina C y bioflavonoides, que dilatan y fortalecen los vasos sanguíneos y mejoran la circulación a través de ellos. El clavo, proveniente de las hermosas playas de Zanzíbar (una de los centros comerciales más importantes de África oriental), así como la canela y la nuez moscada dilatan los vasos y estimulan el corazón y la circulación.

300 ml de zumo/jugo de pomelo
3 clavos
1 rama de canela
1 cucharada de miel
nuez moscada a gusto

Poner el zumo de pomelo, los clavos y la canela en una cacerola y calentar. Mantener la mezcla casi al punto de cocción lenta unos 5 minutos. Retirar del fuego y colar. Añadir la miel y revolver; espolvorear con nuez moscada. 1 RACIÓN

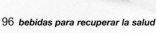

sopa francesa de cebollas

Una de las sopas más atractivas que pueda
imaginarse, en especial en una noche fría de
invierno, cuando sale humeante del gratinador,
con el queso derretido burbujeando en la
superficie. No hay duda que los franceses no
sólo saben cocinar y enternecer el corazón, sino
también calentar las manos y los pies
congelados. La cebolla –con sus propiedades
calóricas– puede estimular la circulación, dilatar
las arterias, bajar la tensión arterial, reducir el nivel
de colesterol malo y ayudar a prevenir los
ataques cardiacos.

1 cucharada de aceite de oliva
6 cebollas, peladas y cortadas en aros
4 dientes de ajo, cortados en láminas finas
1 cucharadita de azúcar
1 cucharada de harina común
1,2 litros de caldo de verdura o de pollo
1 cucharada de tomillo fresco
1 cucharada de romero fresco
sal y pimienta recién molida
1 baguette de pan francés
175 g de queso gruyere, rallado

Calentar el aceite en una cacerola grande a fuego
lento. Agregar la cebolla y cocer unos 30
minutos. Añadir el ajo y cocer más o menos otro
minuto más. Verter el azúcar, la harina y revolver;
cocer entre 1 y 2 minutos, hasta que la cebolla
se dore. Añadir el caldo y revolver; hacer que
rompa el hervor, tapar y cocer unos 45 minutos.
Agregar el tomillo, el romero y salpimentar.
Mientras se cuece la sopa, cortar el pan francés
en rebanadas de 2,5 cm y hornear a
180 ºC/punto 4, más o menos 20 minutos,
dando vuelta una vez, hasta que el pan se dore
ligeramente. Poner 4 cazuelas térmicas sobre una
placa de horno y llenarlas con sopa hasta 1 cm
del borde. Con un trozo de pan encima de cada
recipiente, cubrir la superficie de la sopa con
queso rallado. Llevar al gratinador caliente, hasta
que el queso se dore oscuro y comience a
burbujear. Servir de inmediato. 4 RACIONES

tensión arterial

En la segunda mitad de su vida, muchas personas sufren un aumento de la tensión arterial; se estima que la hipertensión afecta una quinta parte de la población adulta de Occidente. Tal vez haya una tendencia hereditaria a tener alta o baja presión y usted pueda aprender a ajustarse a ella. Si tiene sobrepeso, fuma o bebe demasiado alcohol, la tendencia a la hipertensión aumenta.

Cuidar la dieta y el estilo de vida pueden ser las respuestas a los problemas de tensión arterial. El consumo de gran cantidad de frutas y verduras frescas, legumbres, frutos secos y semillas, algo de pescado azul y queso de soja, reforzarán la ingestión de potasio, calcio y magnesio; todos minerales valiosos para regular la presión. Si toma el hábito de beber líquidos que contengan esos elementos y de comer alimentos específicos, como ajo, cebolla, judías secas y apio con poder para bajar la tensión arterial, sin duda estará haciendo un favor a sus arterias. Vale la pena señalar que los vegetarianos tienen menor incidencia de hipertensión que las personas que consumen carne.

El estrés puede desempeñar su parte, por eso siempre es buena idea reemplazar las bebidas cafeinadas, que exacerban la tensión, por infusiones de hierbas relajantes, como camomilla, toronjil y flor de tilo. Los ejercicios aeróbicos regulares, entre 20 y 30 minutos por día, no sólo le harán sentir mejor, sino también servirán para regular la tensión arterial y mantener el corazón y las arterias sanos.

sopa francesa de ajo

Si, como a los franceses, a usted le gusta mucho el ajo, entonces esta sopa de sabor picante es una forma exquisitamente placentera de tomar un remedio para la hipertensión. Durante siglos, en todo el mundo, ha existido la creencia de que el ajo baja la presión. Reduce el colesterol malo, abre las arterias y mejora la circulación. contribuyendo a bajar el riesgo de ataque cardiaco y derrame cerebral. El agregado de cilantro, perejil y zumo de limón es un toque mágico y hasta puede reducir los efectos antisociales del ajo, porque mejora.el aliento.

1 cucharada de aceite de oliva
2 cebollas, peladas y en rodajas
900 ml de caldo de verdura o de pollo
1 cabeza de ajo, con los dientes pelados
1 cucharada de hojas de cilantro picadas
1 cucharada de hojas de perejil picadas
sal y pimienta recién molida
1 cucharada de zumo/jugo de limón

Calentar el aceite en una sartén y cocer la cebolla unos 5 minutos. Agregar el caldo, el ajo, las dos terceras partes de las hierbas y salpimentar. Hacer que rompa el hervor y cocer a fuego lento, tapado, unos 20 minutos. Retirar del fuego, mezclar agregando el zumo de limón. Llevar nuevamente al fuego y salpimentar, si es necesario. Servir con el resto de las hierbas. Resulta particularmente buena con pan de hierbas. 4 RACIONES

gazpacho español

Esta poderosa sopa de verduras –tradicional en toda España– combina deliciosamente el sabor picante de la cebolla y el ajo crudos con la acidez del tomate y el limón. El gazpacho puede variar ligeramente los ingredientes según la región, pero siempre se sirve bien frío. La variedad que presentamos aquí ha demostrado bajar la tensión arterial de forma significativa. El pesto preparado con albahaca ejerce un efecto relajante, que ayuda a reducir los niveles de estrés, en tanto que las vitaminas antioxidantes –abundantes en pimientos, tomates y pepinos– ayudan a proteger el corazón y las arterias.

1/2 pepino mediano
1 cebolla grande
3 dientes de ajo
3 tomates, picados
2 cucharadas de aceite de oliva
2 cucharadas de vinagre de vino blanco
1 cucharada de zumo/jugo de limón
1 cucharada de postre de puré de tomates
1 cucharadita de pesto
1 pimiento/ají verde, picado muy fino
700 ml de zumo/jugo de tomate
sal y pimienta recién molida
dados de pan frito o pan de ajo para servir

Rallar grueso el pepino en un bol o cortarlo en cubos para que la sopa tenga más textura. Mezclar la cebolla, el ajo y el tomate en una licuadora o procesadora (o rallar la cebolla y el ajo y picar fino el tomate). Añadir el aceite, el vinagre, el zumo de limón, el puré de tomates y el pesto. Agregar esta mezcla al pepino, junto con el pimiento verde. Verter el zumo de tomate y salpimentar. Tapar y enfriar en el frigorífico unas 6 horas. Servir con pan de ajo o dados de pan frito y pimienta recién molida.
4 RACIONES

infusión de espino blanco y tila

Esta tisana ligera, dulce y astringente combina dos de las mejores fitomedicinas para bajar la tensión arterial. El sabor a miel de las flores de tilo reduce la tensión en el cuerpo y relaja las arterias, en tanto que las hojas del espino blanco y sus flores regulan el diámetro de las arterias y aflojan los depósitos en su interior. También, el espino blanco ayuda a reducir el estrés y la ansiedad y puede emplearse para equilibrar tanto la hipo como la hipertensión.

1 cucharadita de flores y hojas
* de espino blanco*
1 cucharadita de flores de tilo
250 ml de agua hirviendo

Poner las hierbas en un recipiente y verter agua hirviendo. Tapar y dejar en infusión unos 10 minutos. Beber una taza, 3 veces por día.* 1 RACIÓN

estreñimiento

Si suele estar estreñido, es posible que su dieta carezca de la suficiente cantidad de fibra que proporcionan los granos integrales y muchas verduras y frutas. La combinación de alimentos de baja cantidad de fibra y de carnes rojas también puede provocar un desorden en la flora bacteriana de los intestinos y predisponer al estreñimiento. Las bebidas abundantes en frutas fibrosas, como plátanos y albaricoques, combinadas con yogur cultivado para restaurar la flora intestinal pueden solucionar en gran medida el problema. Asimismo, es importante hacer gimnasia regularmente, para poder movilizar el intestino de forma normal; el estrés y las tensiones pueden servir para estreñir el intestino y agravar el problema.

néctar hindú de mango, melocotón y uva

Este suculento tónico energizante no sólo es delicioso al paladar, sino también una forma maravillosa de mantener el funcionamiento normal de los intestinos. El mango con su pulpa blanda y perfumada y con gran cantidad de fibra y antioxidantes es muy usado en la medicina ayurvédica para curar el estreñimiento y como rejuvenecedor. Asimismo, el zumo dulce del melocotón ejerce una suave acción laxante. Las uvas son reconocidas por sus propiedades depurativas, pues estimulan la función hepática e intestinal.

1 mango, pelado y en rodajas
2 melocotones/duraznos, pelados
    y en rodajas
100 g de uva blanca
300 ml de leche
1/2 cucharadita de canela molida

Mezclar todos los ingredientes en una licuadora, hasta que quede homogéneo y servir. 1 RACIÓN

depurador húngaro de remolacha y zanahoria

Este zumo de verdura de color rojo sangre contiene infinidad de nutrientes y tiene la capacidad de alimentar y depurar al mismo tiempo. El zumo fresco de remolacha es muy reconocido en Europa oriental por sus importantes propiedades desintoxicantes. Al estimular las funciones hepática e intestinal, aumenta la eliminación de toxinas y desechos y es un remedio natural para el estreñimiento. De igual forma, las zanahorias estimulan la actividad intestinal y al suavizar las mucosas del intestino, ayudan a curar el estreñimiento relacionada con la irritación o inflamación del aparato digestivo.

3 zanahorias grandes, lavadas
2 remolachas/beterragas medianas,
    lavadas
hojas de cilantro frescas, picadas
    para la guarnición

Pasar las verduras por una juguera y servir de inmediato con cilantro.
1 RACIÓN.

regulador griego de almendras

Esta mezcla de frutas, frutos y yogur –espesa, homogénea y cremosa– no sólo es una respuesta al intestino perezoso, sino también una comida completa en sí misma, a la manera de los griegos. Cuando se consumen regularmente, los plátanos y las almendras son ideales para estimular el funcionamiento normal de los intestinos, pues contienen mucha fibra. Al ser ingredientes relajantes, son buenos cuando el estreñimiento es una consecuencia de la tensión nerviosa. La naranja ejerce un efecto laxante, en tanto que el yogur ayuda a regular los intestinos.

2 plátanos/bananas maduros, pelados
  y picados
50 g de almendras molidas
150 ml de zumo/jugo de naranja
  recién exprimido
150 ml de yogur natural, estilo griego
1 cucharada de miel
una pizca de nuez moscada molida

Poner todos los ingredientes en una licuadora y mezclar hasta obtener una consistencia cremosa. Servir espolvoreado con nuez moscada.
1 RACIÓN

ardor de estómago

Esa sensación desagradable de saciedad, inflamación, estrechez o aun de dolor en el estómago o el pecho es conocida por muchos. Suele darse inmediatamente después de una comida, en particular cuando estamos apresurados, estresados o tensos, o cuando comemos a las corridas o salimos disparados después de comer. Los músculos del estómago no tienen oportunidad de relajarse, los jugos digestivos no fluyen adecuadamente y, como resultado de ello, los alimentos no se descomponen como corresponde ni se desplazan normalmente por el aparato digestivo para ser asimilados y los residuos eliminados. Con frecuencia, el contenido ácido del estómago refluye hacia arriba en lugar de hacer su recorrido normal, provocando una horrible sensación de ardor en el pecho que conocemos como ardor de estómago, pues el ácido quema las mucosas del esófago. Después de un tiempo, las mucosas del estómago pueden irritarse e incluso inflamarse crónicamente. Esto podría desencadenar más adelante en la aparición de úlceras. Los músculos del esfínter cardial que separa el estómago del esófago se debilitan y permiten que los ácidos pasen fácilmente del estómago al esófago, haciendo que la indigestión y el ardor se tornen un problema crónico.

Por cierto, existen responsables que dan lugar a la indigestión y el ardor de estómago. Algunos alimentos como los chiles/ajíes picantes, el chocolate, los ingredientes ácidos como verduras encurtidas/en vinagre, los cítricos, los pasteles y las grasas, el tabaco, el café y el alcohol, pueden en conjunto aumentar la acidez, irritar el estómago y debilitar el esfínter cardial. Las embarazadas suelen sufrir este problema, pues los niveles más altos de hormonas relajan los músculos del esfínter. La tendencia al ardor de estómago se agrava más a medida que el feto presiona contra el estómago de la madre. También, el ardor de estómago es un síntoma de hernia hiatal, que es más común en las personas con sobrepeso.

En la mayoría de los casos, unos cambios sencillos en la dieta y el estilo de vida solucionarán la situación. Si prepara sopas y otras bebidas con hierbas, como cardamomo, semillas de anís, camomilla, menta, hinojo, cilantro y alcaravea, ayudará a relajar el estómago, mejorar la digestión y aliviar el dolor y malestar. Los alimentos refrescantes y suavizantes, como el yogur, los plátanos maduros, las remolachas, la col y la zanahoria, contribuyen a aliviar la irritación y el ardor.

Cuando coma, siéntese cómodo y mastique lentamente cada bocado de comida. No se levante, haga flexiones ni se acueste después de comer. Permita que el estómago se relaje más o menos una hora antes de hacer ejercicio. Coma con regularidad, pero nunca sobrecargue el estómago con comidas abundantes que tardan mucho tiempo en digerirse y dan al estómago mayor oportunidad de irritarse y desplazar los ácidos hacia el esófago. Es mejor no comer nada durante dos o tres horas antes de ir a dormir, de forma tal que el estómago ya esté vacío al momento de acostarse y no tenga la posibilidad de sufrir ardor.

tisana francesa de camomilla y menta

Los franceses, que se preocupan especialmente por la salud del hígado y el estómago, tienen la costumbre de beber tisanas de hierbas después de las comidas. La camomilla y la menta son los grandes favoritos para la digestión y resultan deliciosamente refrescantes. Ambas hierbas son excelentes para relajar la tensión de los músculos estomacales y para aliviar el ardor, la irritación y la inflamación de las mucosas. La filipéndula es una de las mejores hierbas antiácidas.

2 cucharaditas de flores secas
    de camomilla/manzanilla
2 cucharaditas de hojas seacs de menta
2 cucharaditas de filipéndula/reina
    de los prados seca
600 ml de agua

Poner las hierbas en una tetera y verter el agua hirviendo. Tapar y dejar en infusión entre 10 y 15 minutos. Beber una taza, tres veces por día después de las comidas, o con mayor frecuencia, si es necesario para aliviar algún síntoma. 2 o 3 RACIONES

cura caribeña

Sabrosa bebida de frutas de las Indias Occidentales para evocar el paraíso tropical y al mismo tiempo aliviar el estómago. La dulce leche de coco es excelente para calmar la acidez, la piña ácida, un antiinflamatorio maravilloso con una enzima llamada bromelaína, que ayuda a equilibrar la acidez estomacal. De igual forma, la papaya refresca y suaviza y también contiene papaína, una asombrosa enzima que descompone la proteína y así ayuda a las enzimas propias del estómago a digerir los alimentos.

1/2 papaya madura (o 10 trozos secos,
si no se consigue fresca)
3 rodajas gruesas de piña/ananá fresca o de lata
300 ml de leche de coco
agua mineral con o sin gas, para diluir (optativo)
una pizca de nuez moscada molida

Si emplea papaya seca, cocer en un poco de agua hasta que se ablande, después, escurrir. Poner la papaya, la piña y la leche de coco en una licuadora y mezclar hasta que todo esté homogéneo. Diluir con un poco de agua, si lo desea. Añadir una pizca de nuez moscada y tomar un vaso, tres veces por día, después de las comidas. 1 o 2 RACIONES

infusión de regaliz y cáscara de mandarina

La combinación exótica de regaliz y mandarina hace una receta ideal para los desórdenes digestivos. El regaliz ejerce efectos curativos y suavizantes en el estómago y calma el ardor y la inflamación relacionados con la acidez. Por su afinidad con las glándulas suprarrenales, el regaliz aumenta la capacidad para soportar el estrés y la cáscara de mandarina facilita la digestión.

5 g de raíz de regaliz seca
5 g de cáscara seca de mandarina
600 ml de agua

Poner los ingredientes en una cacerola, hacer que rompa el hervor y cocer a fuego lento unos 20 minutos. Colar y beber una taza, dos veces por día. 2 o 3 RACIONES

flatulencias

Es normal tener una cierta cantidad de gases intestinales, pero cuando éstos se tornan excesivos, pueden provocar una desagradable sensación de inflamación y hasta bochorno. A veces, el dolor que causan es muy agudo y puede confundirse con problemas abdominales más graves. En muchos casos, las flatulencias ocasionales se deben a la ingestión de alimentos que producen gas: judías secas/porotos/frijoles y otras legumbres, coles como el brócoli y las coles de Bruselas, las pastas dulces y las alcachofas. La flora intestinal comienza a digerir esos alimentos y en el proceso produce flato. Para evitar este problema, ponga en remojo las judías secas durante 12 horas antes de cocinar en agua dulce, agregue hierbas y especias digestivas, como comino, alcaravea, jengibre y cilantro.

Las flatulencias más crónicas pueden ser consecuencia de una mala digestión o por comer algo que sea contraproducente para nuestro organismo. Existen muchas infusiones de hierbas que pueden mejorar las cosas. Hierbas como menta, albahaca, camomilla, toronjil, limoncillo, romero, canela, semilla de anís, mejorana y tomillo, estimulan el flujo de jugos gástricos y mejora la digestión, además relajan la tensión del intestino. Muchas personas tienen dificultades para digerir los productos de trigo, como el pan y las pastas; otras tienen problemas con los productos lácteos por su intolerancia a la lactosa. Tal vez, bien valga la pena eliminar de la dieta uno o más de esos elementos, durante un período de prueba de un mes.

Existen otros factores que pueden predisponer a las flatulencias. Si come demasiado rápido o en un estado emocional de tensión, su digestión sufrirá y es menos probable que digiera bien los alimentos. Quizá suela tragar aire mientras come, en especial si mastica goma de mascar y consume muchas bebidas carbonatadas. Es bastante común experimentar flatulencias e inflamación cuando se toman antibióticos. Cuando hay un desorden en la flora intestinal, los hongos tienen oportunidad de proliferar y eso produce flato como respuesta. El mejor remedio es seguir una dieta sin levaduras y comer muchos alimentos que ayuden a restaurar las bacterias beneficiosas del intestino; entre esos alimentos se cuenta el aceite de oliva, el ajo y el yogur cultivado (*véase Candidiasis, p. 118*).

lassi dulce hindú

Esta bebida tradicional de Oriente sabe a algo de otro mundo, por la mezcla exótica de agua dulce de rosas, miel y especias picantes. El yogur cultivado, el agua de rosas y la miel mejoran la digestión y ayudan al equilibrio de la flora intestinal. El cardamomo y la canela actúan de manera similar y, al mismo tiempo, estimulan el flujo de jugos gástricos y alivian la tensión de todo el aparato digestivo que podría inhibir una digestión adecuada.

225 g de yogur natural cultivado
150 ml de agua de rosas
1 cucharada de miel
1/2 cucharadita de cardamomo molido
1/2 cucharadita de canela molida

Combinar todos los ingredientes, revolver vigorosamente y servir. 1 RACIÓN

infusión de limoncillo de África occidental

Las infusiones de hierbas son muy populares en Mali, donde esta exquisita tisana con sabor a limón se sirve en teteras de bronce muy ornamentadas de pico largo y tazas pequeñas sin asa. El limoncillo es un excelente remedio para prevenir y curar las flatulencias. Estimula la digestión y alivia la tensión intestinal. Sus valiosas propiedades antifúngicas contribuyen a combatir el desarrollo excesivo de hongos que podrían producir flato.

25 g de limoncillo
600 ml de agua hirviendo

Poner el limoncillo en una tetera y verter el agua hirviendo. Dejar en infusión unos 20 minutos; beber caliente después de las comidas. 2 o 3 RACIONES

tranquilizante de pomelo de Guadalupe

Esta vivaz combinación de zumos de frutas tropicales hace una bebida refrescante para un día caluroso y combina tres de los mejores ingredientes para mejorar la digestión y disipar las flatulencias. El pomelo ayuda a la digestión, en particular de los almidones y grasas, y elimina los desechos del intestino. El mango tranquiliza los nervios al estómago y, como la piña, mejora la digestión y regula los intestinos.

1 mango maduro, pelado y en rodajas
175 g de piña/ananá fresco o en lata
el zumo/jugo de 1/2 pomelo rosado
hojas de toronjil fresco, para la guarnición

Poner los ingredientes en una licuadora y mezclar hasta que quede homogéneo. Servir con toronjil. 1 RACIÓN

cólico

Cuando las paredes musculares del abdomen se contraen, se producen espasmos agudos que pueden durar minutos u horas. Los lactantes hasta los tres meses de edad suelen ser propensos a los cólicos; a menudo los hacen llorar, a veces desconsoladamente, y levantar las piernas cuando se producen los espasmos. Es posible que exista una variedad de factores que contribuyan a esta situación, incluida la inmadurez del aparato digestivo, tragar aire, exceso de alimentación, intolerancia a la fórmula de la leche o partículas de sustancias alimenticias que pasan por la leche materna, estreñimiento o hasta estrés de la madre. Las causas pueden ser ajenas al vientre y relacionarse más con la presión craneal sufrida en el momento del nacimiento.

Los niños y adultos también pueden sufrir cólicos que con frecuencia se relacionan con flatulencias, indigestión o infección. El estrés puede ser un factor de mayor importancia, provocando tensión y espasmos en el estómago e interrupción del proceso normal de la digestión. Algunos alimentos irritan las mucosas que recubren las paredes del aparato digestivo, haciendo que los músculos sufran espasmos y por lo tanto se llegue a sentir un dolor agudo. Lo más indicado para aliviar el dolor en el corto plazo es una bebida que relaje el espasmo de los músculos estomacales. Cuánto mejor si dicha bebida contiene sustancias para aliviar el intestino irritado y mejorar el proceso normal de la digestión.

El agua para retortijones, preparada principalmente con semilla de eneldo, es un remedio tradicional para tratar los cólicos en los lactantes. En las décadas de los cincuenta y los sesenta se les daba a los bebés después de cada comida. Tanto las semillas de eneldo como de hinojo son excelentes para los cólicos, pues relajan la tensión del aparato digestivo, eliminan los gases y mejoran la digestión. Cuando el estrés y las tensiones parecen ser el problema, la camomilla y la hierba gatera relajan la mente y el cuerpo y tienen una particular afinidad con el estómago.

infusión de camomilla y semillas de hinojo

Esta agradable infusión de hierbas, de sabor suave, es ideal para los cólicos de los lactantes. El sabor característico de la camomilla, que no es el sabor de infusión a la que todos están acostumbrados, se disimula con el peculiar aunque dulce sabor del hinojo. Estas dos hierbas aromáticas, no sólo alivian la tensión y el espasmo, sino que también tienen propiedades antisépticas, de modo tal que si el cólico está relacionado con una infección, esta infusión ayudará a acelerar la cura. Cuando el cólico es provocado por la irritación de las mucosas del estómago, los efectos antiinflamatorios de la camomilla resultan efectivos.

1/2 cucharadita de semillas de hinojo
1 cucharadita de flores secas de
camomilla/manzanilla
250 ml de agua hirviendo

Machacar las semillas de hinojo en un mortero y ponerlas en una tetera, junto con la camomilla. Verter el agua hirviendo y dejar en infusión unos 10 minutos. Diluir con cuatro partes de agua caliente para los lactantes y poner dos cucharadas en el biberón o dar a beber con una cuchara antes de alimentarlos y nuevamente después, si parecen molestos. Para niños y adultos, servir sin diluir o mezclado con agua caliente a gusto. 1 RACIÓN

sopa danesa de zanahoria y eneldo

Las zanahorias dulces mezcladas a la manera danesa con ajo y eneldo no sólo transforman esta sopa en algo exquisito, sino también en un remedio perfecto para niños y adultos, para aliviar el estómago, mejorar la digestión y eliminar las flatulencias y los espasmos. La sencilla zanahoria nutre el sistema nervioso y aumenta nuestra resistencia al estrés. Calma las membranas mucosas de todo el aparato digestivo, contribuyendo a reducir la irritación.

1 cucharada de aceite de oliva
2 dientes de ajo medianos, pelados
   y picados finos
1 cebolla grande, pelada y en rodajas finas
450 g de zanahorias, lavadas y en rodajas
2 patatas/papas grandes, lavadas y en rodajas
600 ml de caldo de verdura o de pollo
sal y pimienta recién molida
2 cucharadas de eneldo fresco picado

Calentar el aceite en una cacerola mediana. Agregar el ajo y la cebolla y revolver a fuego lento, hasta que la cebolla esté tierna. Añadir la zanahoria, la patata y el caldo. Hacer que rompa el hervor y cocer a fuego lento unos 30 minutos, hasta que las verduras se cocinen. Batir hasta que quede homogéneo. Salpimentar y añadir una cucharada de eneldo. Servir la sopa con el resto del eneldo. 4 RACIONES

infusión de camomilla y hierba gatera

Tisana ligera y aromática; remedio perfecto para aliviar la tensión estomacal y prevenir los cólicos. Tanto la camomilla como la hierba gatera, o nébeda, alivian la tensión y los espasmos de los músculos lisos de todo el aparato digestivo. Por su acción sedante sobre el sistema nervioso central, ambas alivian el estrés que puede contribuir a sufrir tal tensión. También, pueden reducir cualquier tipo de irritación e inflamación de las mucosas intestinales y resolver la infección que puede desencadenar un cólico.

1 cucharadita de flores de camomilla/
   manzanilla, frescas o secas
2 cucharaditas de hierba gatera fresca
   o 1 cucharadita de la seca
600 ml de agua

Poner las hierbas en una tetera y verter el agua hirviendo. Tapar y dejar en infusión entre 10 y 15 minutos. Beber caliente más o menos cada hora, hasta aliviar los síntomas. 2 o 3 RACIONES

diarrea

En general, la diarrea aguda se debe a una infección intestinal; el cuerpo reacciona para eliminar rápidamente todas las toxinas que la provocan. Lo ideal es dejar que la diarrea siga su curso, procurando reemplazar los fluidos y electrolitos que se pierden, mediante la ingestión de muchos líquidos con miel. Son ideales las bebidas que contienen ingredientes como arroz, pera y mango, para aliviar el intestino, limón y arándanos, para combatir la infección y yogur, para restaurar la flora intestinal. Un problema más crónico puede deberse a una infección, una enfermedad intestinal o una alergia a los alimentos y requiere ser investigada por un médico.

antidiarreico caribeño

Esta bebida dulce y cremosa casi sabe a néctar y es lo mejor en lugar de una comida, cuando uno no apetece comer nada sólido. Las peras y los mangos son maravillosos para saciar la sed y calmar el intestino irritado. Las mujeres de las Indias Occidentales saben todo lo relativo a la naturaleza astringente y calmante del puré de plátanos; el primer alimento en el que piensan cuando sus hijos tienen diarrea. Los plátanos reducen el nivel de bacterias infecciosas del intestino y por el alto nivel de azúcares naturales son ideales para reemplazar lo que se pierde en cada deposición. La canela es altamente antiséptica y ayuda a combatir la infección.

75 g de mangos frescos
1 pera grande o 2 pequeñas
1 plátano/banana
200 ml de leche de arroz
una pizca de canela molida

Mezclar la fruta y la leche de arroz en una licuadora y servir espolvoreado con canela. 1 RACIÓN

cura gitana de frambuesas

Ninguna otra fruta blanda parece poder rivalizar con el dulzor de las frambuesas y la delicadeza de su sabor; resulta una bebida exquisita para un día cálido de verano. Al tonificar las mucosas del aparato digestivo, las frambuesas ejercen un efecto astringente y lo protegen contra la irritación e inflamación. Contienen antibióticos naturales que ayudan a combatir los organismos infecciosos del intestino, así como lo hace la miel que con justicia se ha ganado un lugar en la receta de la Organización Mundial de la Salud para curar la diarrea del viajero.

100 g de frambuesas frescas
*   o congeladas*
2 cucharadas de yogur natural,
*   estilo griego*
1 cucharada de miel
2 cucharadas de leche

Mezclar todos los ingredientes y beber.
1 RACIÓN

infusión de arándanos a la norteamericana

Esta mezcla ácida de arándanos y limones –que se combinan fácilmente en segundos– sabe maravillosa y es atractiva por su color azul violáceo. Las propiedades antisépticas y astringentes hacen que esta infusión sea uno de los remedios más populares en Estados Unidos para el tratamiento de la diarrea y la infección intestinal. La alta concentración de compuestos antivirales y antibacterianos que contienen los arándanos y limones explican su capacidad para combatir la infección, en especial E. Coli, la bacteria más comúnmente asociada con la diarrea.

1 cucharada de jalea de arándanos
1 cucharadita de miel
1 cucharadita de zumo/jugo de limón
300 ml de agua hirviendo

Poner la jalea, la miel y el zumo de limón en un jarro grande. Verter el agua hirviendo y revolver hasta disolver la jalea. Tapar y dejar en infusión unos 5 minutos antes de beber. 1 RACIÓN

diverticulitis

La diverticulitis se produce cuando unos sacos o bolsillos –conocidos como divertículos– se forman en zonas debilitadas de las paredes intestinales. Suelen desarrollarse en personas mayores de 50 años cuyos intestinos sufrieron presiones por tratar de evacuar deposiciones secas y duras. Los que sufren de estreñimiento crónico son particularmente propensos a tener divertículos y la causa fundamental es la falta de fibra en la dieta e insuficiente cantidad de ejercicio. A veces, las personas con este problema presentan síntomas muy leves o ninguno en absoluto, otros sufren de períodos alternados de diarrea y estreñimiento, flatulencias y a veces dolor en el lado izquierdo inferior del vientre. Si algunas partículas de materia fecal quedan atrapadas en esos pequeños sacos o bolsas, pueden inflamarse y desarrollar una infección, dando lugar a la diverticulitis. Esta enfermedad se caracteriza por calambres abdominales, fiebre y hemorragia rectal.

La solución de este problema consiste, primero y principal, en cambiar la dieta. Incorpore muchos granos integrales, frutas y verduras, que tienen alto contenido de fibra. Es importante beber mucho líquido –seis a ocho vasos por día– para ayudar a regularizar el intestino y solucionar el estreñimiento (*véase también Estreñimiento, p. 100*). Las bebidas preparadas con frutas, como piña y papaya son especialmente terapéuticas, pues contienen enzimas proteolíticas que ayudan a la digestión y a prevenir los divertículos. Las peras, patatas, el arroz, la cebada y el mijo son excelentes, ya que refrescan el intestino inflamado. Los zumos y las sopas espesas de verduras como zanahoria, col, lechuga, espinaca y nabos, también son beneficiosos, porque alivian la inflamación y regulan el intestino.

Es mejor evitar las bebidas cafeinadas, pues suelen estreñir el intestino y producir mayor presión, agravando de esa forma el problema. Procure no comer carbohidratos refinados, como los productos de harina blanca y las comidas que contengan partículas duras, como frutos secos y semillas; se excluyen también las semillas de frutas como frambuesas, grosellas negras y tomates, y las verduras como el pepino, ya que pueden quedar alojadas en los pequeños sacos y agravar así la diverticulitis. Recuerde hacer mucho ejercicio físico.

sueño norteamericano de papaya y almendras

En Estados Unidos, casi la mitad de la población de más de 60 años sufre de divertículos. Esta combinación espesa y cremosa de frutas laxantes, suavizantes y refrescantes, y la leche de arroz que es antiinflamatoria calmará la inflamación intestinal. La ingestión regular de esta bebida ayudará a regularizar la función intestinal.

6 albaricoques/damascos/chabacanos frescos o secos
50 g de papaya fresca o seca (remojada)
300 ml de leche de arroz
1 cucharada de almendras molidas
una pizca de raíz de jengibre molida

Si emplea albaricoques secos, cocinarlos en un poco de agua hasta que estén blandos; escurrir. Poner los ingredientes en una licuadora y mezclar hasta que todo quede homogéneo. Servir espolvoreado con un poco de jengibre.
1 RACIÓN

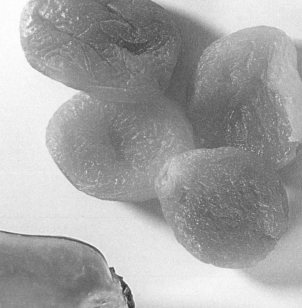

néctar de pera y melón de Oriente Próximo

La mezcla de estas frutas muy suculentas sabe verdaderamente a néctar puro y es una forma deliciosa de solucionar el problema intestinal. Tanto las peras como los melones son bien conocidos en Oriente Próximo por sus propiedades refrescantes y suavizantes, en particular en el aparato digestivo, donde no sólo alivian la inflamación, sino también ayudan a mantener el funcionamiento normal de los intestinos.

1/2 melón rocío de miel maduro
3 peras maduras, peladas, sin corazón

Mezclar las peras y el melón en una licuadora y servir. Si desea una ligera variante en el sabor para que sea más exótico, agregar un poco de leche de COCO. 1 RACIÓN

sopa medieval de chirivía y colinabo

En la Edad Media, los monjes ingleses cultivaban chirivías en el huerto de los monasterios, pues las consideraban vitales en su nutrición, en los días en que estaba prohibida la carne por precepto. La chirivía y el colinabo –dulces y farináceos– combinados hacen una sopa espesa y nutritiva, con alto contenido de fibra. Es ideal para mantener el funcionamiento regular de los intestinos y evitar, así como aliviar, la diverticulitis.

1 cucharada de aceite de oliva
1 cebolla, en cubos
2 patatas/papas pequeñas, en cubos
2 chirivías grandes, en cubos
1 colinabo pequeño, en cubos
900 ml de caldo de verdura o de pollo
sal y pimienta recién molida
450 ml de leche
1 cucharada de salsa de soja
hojas de cilantro frescas, para la guarnición

Freír las verduras en el aceite de oliva, a fuego lento, unos 5 minutos. Agregar el caldo y hacer que rompa el hervor. Tapar y cocer a fuego lento unos 30 minutos, hasta que las verduras estén blandas. Salpimentar a gusto. Mezclar con la leche y la salsa de soja; servir con guarnición de cilantro. 4 o 6 RACIONES

síndrome de colon irritable

El síndrome de colon irritable es el problema gastrointestinal más común que encuentran los médicos de Occidente. Los síntomas característicos son diarrea o estreñimiento, o ambos, flatulencia e hinchazón y, a menudo, dolores abdominales. Este problema puede estar relacionado con la dieta, el estrés, la mala digestión, la intolerancia a los alimentos, en particular al trigo o los productos lácteos, y al exceso de un hongo alojado en los intestinos, llamado *Candida*.

Coma mucha fibra, preferentemente de frutas, verduras y legumbres, en lugar de cereales. Las sopas preparadas con verduras cocidas, como zanahorias, puerros, coles, chirivías y apio, no sólo proveen fibra, sino también una buena cantidad de nutrientes. Las verduras crudas pueden irritar el intestino cuando éste no funciona bien. Agregue hierbas aromáticas a las sopas (eneldo, menta, hinojo, toronjil) y especias calóricas (jengibre, canela, alcaravea, comino) para mejorar la digestión y relajar la tensión y el espasmo en el intestino. Las bebidas de frutas como manzanas, peras, albaricoques, piña, papaya y melocotones, ayudan a la digestión y a regular los intestinos.

Las hierbas antifúngicas, como el ajo, el tomillo y el orégano, ayudan a combatir el desarrollo excesivo de la *Candida*. Las bebidas con yogur cultivado contribuyen a restaurar la flora intestinal después del uso frecuente de antibióticos. Evite las bebidas cafeinadas y carbonatadas.

sueño malayo de papaya y coco

Esta mezcla exótica de delicias de Extremo Oriente –que hace la boca agua– combina el dulzor de la papaya, la miel y el coco, con la acidez de la lima. La papaya mejora la digestión, en tanto que tranquiliza el intestino. Las limas y la miel contribuyen al equilibrio de la flora intestinal y regulan los intestinos. La leche de coco, rica en vitaminas del complejo B, nutre el sistema nervioso, reduce la tensión y calma la irritación de los intestinos.

6 trozos de papaya fresca o seca
el zumo/jugo de 1 lima
1 cucharadita de miel
300 ml de leche de coco
rodajas de lima, para la guarnición

Si emplea papaya seca, cocinar en un poco de agua hasta que se ablande; escurrir. Mezclar la papaya, el zumo de lima, la miel y la leche de coco en una licuadora; verter en un vaso grande y servir con una rodaja de lima. 1 RACIÓN

infusión inglesa de camomilla y menta

La idea de sentarse en un prado inglés, bebiendo una infusión de camomilla y menta en una tarde de verano, produce de inmediato una sensación de frescura y tranquilidad. Esta ligera tisana aromática es muy buena cuando el estrés y las tensiones producen dolor e irritación del colon. En verdad, la camomilla es uno de los mejores remedios para los problemas de colon relacionados con el estrés, y la menta es la hierba ideal para aflojar el espasmo de los intestinos.

2 cucharaditas de flores frescas de camomilla/
*   manzanilla frescas o 1 cucharadita de las*
*   secas*
2 cucharaditas de hojas frescas de menta
*   o 1 cucharadita de las secas*
600 ml de agua

Poner las hierbas en una tetera y verter agua hirviendo. Tapar y dejar en infusión entre 10 y 15 minutos. Beber una taza regularmente, tres veces por día, mientras persistan los síntomas.
2 O 3 RACIONES

cuajada china de jengibre e hinojo

En China, es tradicional dar a los niños, ancianos y convalecientes cuajadas que no son otra cosa que sopas de arroz. Algunos chinos disfrutan las cuajadas como desayuno. El arroz no sólo satisface, sino también alivia la inflamación y relaja el espasmo del aparato digestivo. El hinojo y el jengibre contribuyen a la digestión y absorción; por su acción antiespasmódica, también alivian la tensión y el dolor intestinal.

1 cucharada de semillas de hinojo
200 g de arroz blanco de grano largo
4 cm de raíz de jengibre, pelada y cortada fina
3 litros de agua
1-2 gotas de aceite de sésamo
salsa de soja a gusto

Tostar las semillas de hinojo en una sartén seca durante unos minutos, sin dejar de revolver para evitar que se quemen; machacar en un mortero. Poner junto con el arroz, el jengibre y el agua en una cacerola grande; tapar y hacer que rompa el hervor. Cocer a fuego lento más o menos 1 hora y servir caliente, condimentada con aceite de sésamo y un poco de salsa de soja. 8 RACIONES

hemorroides

¿Está cómodo cuando se sienta? Si no es así, es posible que usted pertenezca al tercio de la población occidental que sufre de hemorroides. Las hemorroides, o almorranas, son várices que se forman en la parte interna o externa de la zona anal y que a veces pueden inflamarse. Pueden causar incomodidad, dolor, picazón o ardor y suelen sangrar. En primer lugar, la mejor forma de tratar las hemorroides es evitar que aparezcan; esto implica que se debe procurar consumir mucha fibra en la dieta, hacer ejercicios aeróbicos regulares y no llegar al estreñimiento *(véase también Estreñimiento, p. 100)*. Ayúdese entrenando a sus intestinos, nunca reprima la necesidad de defecar y jamás haga fuerza durante la defecación. Evite estar sentado o de pie durante períodos largos; a veces, las hemorroides pueden aparecer después de un viaje prolongado en automóvil, de uno o dos días.

El estrés y la ansiedad pueden hacer que los músculos del intestino se contraigan y lleven al estreñimiento. Las hierbas que relajan el intestino, como la camomilla, el toronjil, el hinojo y la menta, pueden tomarse en infusiones calientes y reemplazar al té o al café que sólo exacerban el estrés y agravan los problemas intestinales.

Coma cereales integrales y frutas y verduras frescas –más o menos cinco raciones diarias– y beba mucho líquido para mantener el funcionamiento regular de los intestinos. Debería beber por lo menos 2 litros por día. Con zanahorias, remolachas, apio, guisantes y chirivías se preparan buenas sopas y zumos fibrosos, y los cítricos, las uvas, los albaricoques, las ciruelas secas y los plátanos son ideales para preparar bebidas que prevengan el estreñimiento. El yogur ayuda a mantener sana la flora que también afecta los movimientos intestinales. Procure incluir en su dieta muchos alimentos grasos, como semillas de calabaza/zapallo, sésamo y girasol, y aceite de oliva virgen, para lubricar los intestinos.

zumo de frutas español

En España existe una variedad maravillosa de zumos de frutas frescos para saciar la sed que, cuando se sirven con hielo, son exquisitamente refrescantes en un día de calor. Esta combinación de cítricos ácidos y uvas dulces no sólo proporciona un festín al paladar, sino también un beneficio para la digestión. Estas frutas –de efectos depurativos– estimulan el hígado y los intestinos, siendo un excelente remedio para el estreñimiento.

100 ml de zumo/jugo de naranja
100 ml de zumo/jugo de pomelo
100 ml de zumo/jugo de uva
cubitos de hielo (optativos)
menta o toronjil fresca, para la guarnición

Mezclar los zumos de fruta. Servir con hielo cuando hace mucho calor, si lo desea, y agregar unas hojas de menta o toronjil. 1 RACIÓN

calmante ruso

Los rusos son muy afectos a usar remolacha y yogur en su cocina por los comprobados beneficios que estos alimentos tienen para la salud. El yogur cultivado con *Lactobacillus acidophilus* ayuda a combatir las bacterias putrescentes del intestino que podrían predisponer a la estreñimiento, en tanto que la remolacha, con sus excelentes efectos depurativos, estimula la función hepática e intestinal. El sabor dulce se combina muy bien con el aroma del apio y la menta.

90 ml de zumo/jugo de remolacha/beterraga
45 ml de zumo/jugo de apio
45 ml de yogur natural cultivado
1 cebolleta/cebolla de verdeo, picada
hojas de menta frescas

Mezclar los zumos de verdura con el yogur. Servir con un poco de cebolleta y menta.
1 RACIÓN

laxante escocés de avena y canela

La avena –alimento tradicional para el desayuno en Escocia– contiene mucha fibra para ayudar a aumentar el contenido del intestino y acelerar el paso de la materia fecal por el sistema. Esta bebida de avena, dulce, homogénea y cremosa, se condimenta con canela y limón y es un alimento calórico para el invierno. Tanto la avena como la canela son buenos tónicos para el sistema nervioso, contribuyen a aliviar la tensión que puede contribuir a la estreñimiento y las hemorroides.

1 cucharada de avena integral
1,2 litros de agua fría
miel a gusto
el zumo/jugo de 1/2 limón
1 cucharadita de canela molida

Poner la avena y el agua en una cacerola; cocer a fuego lento más o menos 1 hora. Endulzar con miel. Colar y agregar el zumo de limón y la canela. Servir caliente. 4 RACIONES

náuseas

La náusea –angustiante, extenuante, que produce la duda de si uno va a vomitar o no– es, probablemente, una de las sensaciones más horrendas que podemos experimentar. Desgraciadamente para muchas mujeres, las náuseas pueden acompañar las primeras doce semanas del embarazo y, con frecuencia, no se trata sólo de "náuseas matinales"; para muchas esto puede durar todo el día. También, las náuseas y los vómitos pueden relacionarse con una cantidad de otros factores: infecciones o parásitos intestinales, trastornos en el mecanismo de equilibrio del oído interno o náuseas del viajero, excesos en las comidas y consumo de alcohol, intoxicación hepática, los efectos de la quimioterapia o el estrés.

Para algunas personas, esa terrible sensación de náusea puede aliviarse vomitando, aunque para otras continúa aun cuando se haya vaciado varias veces el estómago. Si éste es su caso, es importante que beba mucho líquido para evitar la deshidratación. Consulte con el médico si persisten los vómitos y están acompañados de mareos, dolores agudos o fiebre.

Cualquiera sea la causa, uno de los mejores y más deliciosos remedios para las náuseas es el jengibre. Efectivamente, en un estudio realizado en 1996, el jengibre alivió las náuseas del viajero en un 75 por ciento de los casos. En forma de infusión, cerveza con jengibre o *ginger ale*, lleva alivio aun cuando las náuseas estén relacionadas con los efectos tóxicos de la quimioterapia. También, pueden ser beneficiosas las bebidas preparadas con otras especias como canela, cilantro, comino y cardamomo, e infusiones de hierbas que incluyan menta, hinojo, eneldo y hierba Luisa, o cedrón. No sólo calman el estómago, además los aceites volátiles que contienen ejercen una poderosa acción antimicrobiana, combatiendo la infección que puede dar lugar a las náuseas y los vómitos.

Es posible que deba experimentar un poco cuando prepare bebidas con hierbas y especias, para encontrar las que mejor le sienten, pero siempre ayuda el hecho de que a usted le guste el sabor. La Infusión marroquí de menta *(véase p. 67)* es altamente recomendable porque puede aliviar rápidamente las náuseas. Cuando las náuseas se vinculan con la tensión emocional, pruebe infusiones de hierbas que tengan propiedades tranquilizantes y que aporten beneficios a la digestión, como el toronjil, la camomilla, el espliego y la verbena.

calmante estomacal de Oriente Próximo

Esta combinación aromática es popular en Oriente Próximo porque alivia las náuseas y al parecer así lo ha hecho desde los días del rey Salomón, cuando los herboristas del soberano molían especias en un mortero para preparar este brebaje. Especias como la canela y el cardamomo estimulan el movimiento descendente de energía en el aparato digestivo y de esa forma alivian el estómago. Los aceites volátiles altamente antisépticos son excelentes para combatir la infección.

3 ramas pequeñas de canela o una rama
de 15 cm
1 cucharadita de cardamomo molido
250 ml de agua caliente

Moler las especias en un molinillo de café. Poner una cucharadita en una taza de agua caliente y beber lentamente hasta sentir alivio.
1 RACIÓN

infusión de hierba Luisa y menta

Si bebe esta tisana dulce, de sabor delicado, descubrirá que ayuda a aliviar el estómago y calmar las náuseas. Los aceites volátiles antisépticos, que dan a estas hierbas su exquisito sabor y aroma, contribuyen a combatir cualquier infección y el efecto relajante de la infusión calmará la tensión y ansiedad que pueda producir la sensación de náusea. La capacidad que tiene esta bebida para promover la digestión y absorción normales debería hacerle sentir bien muy pronto.

1 cucharadita de hojas secas de hierba
Luisa/cedrón
1 cucharadita de hojas secas de menta
o 2 cucharaditas de las frescas
600 ml de agua

Poner las hierbas en una tetera y verter agua hirviendo. Tapar y dejar en infusión entre 10 y 15 minutos. Beber entre 1/2 y 1 taza cuando lo necesite. 2 o 4 RACIONES

cerveza de jengibre

La cerveza de jengibre –sabrosa y energizante– es una bebida gaseosa refrescante, sin alcohol, que da calor en invierno y aplaca la sed en verano. El cultivo casero de la "planta" requiere de algún compromiso, pues ésta necesita "alimentarse" todos los días, pero bien vale la pena el esfuerzo. Cualquiera sea la causa de las náuseas y los vómitos, el jengibre es el mejor remedio y es perfectamente seguro para tomarlo durante el embarazo. Beba cerveza de jengibre a intervalos durante todo el día, siempre que se sienta con náuseas.

Para el iniciador:
15 g de levadura seca de cerveza
450 ml de agua caliente
2 cucharaditas de jengibre molido
2 cucharaditas de azúcar

Para alimentar la "planta":
6 cucharaditas de jengibre molido
6 cucharaditas de azúcar

Para componer:
750 g de azúcar
1,2 litros de agua caliente
el zumo/jugo de 2 limones
3 litros de agua fría

Poner los ingredientes del iniciador en un frasco de cristal con tapa. Revolver, tapar y poner en un lugar cálido, como el alféizar de una ventana al sol. Dejar reposar 24 horas; "alimentar" diariamente durante 6 días con una cucharadita de jengibre molido y una de azúcar.
Al cabo de 7 días, colar la "planta" con un chino. En un bol o una jarra, disolver el azúcar en agua caliente. Agregar el zumo de limón, el agua fría y el líquido de la "planta"; mezclar. Guardar en botellas con corcho, por lo menos siete días para que madure. Servir con una ramita de menta o toronjil fresco. En un lugar templado, la cerveza de jengibre se conserva más o menos una semana.

candidiasis

Candida albicans es un hongo que vive sin consecuencias en todos nosotros. Si existe un trastorno de los mecanismos de defensa normales y estos hongos pierden el control, puede infectarse la boca y la garganta, el aparato digestivo y la vagina. Las bebidas preparadas con frutas y verduras que contengan muchos nutrientes para el sistema inmunológico mejorarán las posibilidades del organismo para combatir las infecciones. El ajo, el tomillo, la canela y el jengibre en las bebidas son excelentes, pues todos tienen propiedades antifúngicas. Es mejor evitar los alimentos que contengan levaduras y azúcar.

batido de pepino de la India

Tradicionalmente, en la India, el pepino y el yogur se comen con curry caliente, para que las propiedades refrescantes aplaquen el sabor picante de las especias. Esta bebida es perfecta para un día caluroso de verano y tiene el beneficio adicional de ser un remedio excelente para la candidiasis. El yogur contribuye a restaurar la flora intestinal normal, manteniendo controlada la infección de origen fúngico. Las vitaminas y minerales del pepino ayudan al sistema inmunológico, en tanto que las hojas de menta contienen aceites esenciales con propiedades antifúngicas.

*50 g de pepino, pelado y cortado
   en cubos
90 ml de yogur natural cultivado
90 ml de leche
8-12 hojas de menta
un chorro de zumo/jugo de lima
sal a gusto
una ramita de menta fresca y una rodaja
   de pepino, para la guarnición*

Mezclar todos los ingredientes en una licuadora. Verter en un vaso lleno hasta la mitad con hielo y adornar con menta y pepino. 1 RACIÓN

crema china de mandarina y lichi

Esta mezcla exótica de lichis dulces y mandarinas ácidas contiene gran cantidad de vitaminas, particularmente la C, para reforzar las defensas. Los chinos comen lichis para beneficiar la digestión y aliviar el dolor. La ingestión de mandarinas, lichis y yogur sirve para combatir las infecciones por hongos, en tanto que la ralladura de jengibre fresco, que da un inesperado sabor a esta deliciosa bebida, agrega propiedades antifúngicas adicionales.

*100 g de lichis, pelados
   (en lata si no los consigue frescos)
150 g de gajos de mandarina
   (en lata si no las consigue frescas)
100 ml de yogur natural cultivado
ralladura de jengibre fresco a gusto*

Mezclar todos los ingredientes en la licuadora hasta conseguir una crema homogénea. Servir con un poco de jengibre fresco y un par de gajos de mandarina. 1 RACIÓN

almíbar de ajos a la francesa

El herborista francés Maurice Messegue afirmó haber sido bautizado con un diente de ajo en los labios. Él, como otros colegas suyos de todo el mundo, elogia la poderosa capacidad del ajo para combatir toda una gama de infecciones incluidas aquellas provocadas por hongos. En los intestinos, el ajo regula la flora y evita la proliferación de microorganismos peligrosos como la Candida. Por lo tanto, aunque este almíbar de sabor picante quizá no sea del gusto de todos, es sin duda un remedio excelente para la candidiasis.

*4 dientes de ajo grandes, pelados
  y cortados en rodajas finas
2 cucharaditas de tomillo fresco
  o 1 cucharadita del seco
aproximadamente 1 cucharada de postre
  de miel líquida*

Poner el ajo y el tomillo en un bol y cubrir con miel. Dejar en reposo de 2 a 3 horas. Machacar para extraer todo el jugo y colar. Tomar 1 cucharadita, por lo menos tres veces al día.

síndrome premenstrual

Existe una amplia variedad de síntomas que las mujeres pueden experimentar en la segunda mitad del ciclo menstrual, que literalmente se describen como síndrome premenstrual. Estos síntomas pueden ser leves o agudos e incluir retención de líquido, sensibilidad en los pechos, cambios del estado de ánimo, fatiga, espasmos uterinos, dolores de cabeza, aturdimiento y mala concentración, para nombrar algunos. Aparentemente, se han identificado más de 150 síndromes premenstruales. Aunque muchas mujeres los aceptan como algo normal, no hay duda que no existe razón para sufrirlos. Por el contrario, es mucho lo que se puede hacer para ayudarse.

El síndrome premenstrual se relaciona principalmente con el desequilibrio de las hormonas femeninas, en la mayoría de los casos un exceso de estrógeno en relación con la progesterona. Con frecuencia, puede desencadenarse por trastornos hormonales que tienen lugar en la pubertad, después de un embarazo, cuando se acerca la menopausia o después de tomar píldoras anticonceptivas. Estos desequilibrios hormonales son consecuencia de una combinación de factores físicos, psicológicos y nutricionales. La falta de ejercicio físico, el hígado perezoso y el hipotiroidismo pueden desempeñar su parte, así también el estrés y las deficiencias nutricionales, incluidas la de vitaminas A, B, E y C, de magnesio, de cinc, de calcio y de ácidos grasos esenciales.

Es fundamental comer y beber correctamente para mantener un buen estado nutricional, que a su vez ayuda física y psicológicamente. Una buena cantidad de aceites vegetales sin refinar, frutos secos sin semilla, granos integrales, judías secas y otras legumbres, pescados azules/de carne grasa y frutas y verduras frescas contribuyen a mantener un equilibrio hormonal correcto.

Lo mejor es evitar el consumo de té, café, cacao y chocolate, pues la cafeína que contienen esos elementos pueden interferir en el equilibrio hormonal y restringir la descomposición de hormonas que realiza el hígado, una vez que han hecho su trabajo. Hay que mantener al mínimo el consumo de alcohol, ya que éste aumenta la necesidad del organismo de las vitaminas B, magnesio, cinc y calcio, e irrita el hígado, que en respuesta puede interferir en el metabolismo hormonal. Como alternativas a estos alimentos, prepare bebidas que contengan ingredientes que prevengan y traten el síndrome premenstrual. Las zanahorias, las remolachas, el berro y otras verduras de hoja proveen vitaminas A. La coliflor, los pimientos rojos, los plátanos, los aguacates, las setas y los frutos secos son ricos en vitamina B_6, el perejil, las verduras verdes, los frutos secos y las semillas contienen magnesio y calcio, en tanto que las judías secas, los productos lácteos, los frutos secos, las semillas y los aguacates proporcionan vitamina E.

infusión griega de vitex

El *Vitex agnus castus* o sauzgatillo/agnocasto es un hermoso arbusto que se encuentra en las costas del mar Egeo. A finales del verano, se pueden recoger las semillas altamente aromáticas no sólo para preparar una exquisita infusión, sino también para conseguir el remedio perfecto de prevención y tratamiento del síndrome premenstrual. Las semillas –se consiguen en tiendas de alimentos naturales y herboristerías– tienen la asombrosa capacidad de estimular y equilibrar el funcionamiento de la glándula pituitaria y, en particular, regular la producción de hormonas femeninas.

25 g de semillas de vitex
600 ml de agua

Poner las semillas y el agua en una cacerola y hacer que rompa el hervor. Tapar y cocer a fuego lento entre 15 y 20 minutos. Colar y beber una taza todas las mañanas, media hora antes del desayuno. 2 o 3 raciones

néctar de aguacate

El sabor y la textura suave y cremosa del
aguacate y la leche de arroz cobran vida con el
toque ácido y picante del ajo, del zumo de limón
y del cilantro para producir una bebida que sin
duda satisface maravillosamente los antojos de
comida característicos del ciclo premenstrual. El
aguacate es ideal para quienes sufren de este
síndrome, pues es rico en vitaminas B y E que
benefician el sistema hormonal y, al mismo
tiempo, calman y fortalecen el sistema nervioso.

1 aguacate/palta, pelado y en rodajas
1 diente de ajo, pelado
el zumo/jugo de 1/2 limón
300 ml de leche de arroz
sal y pimienta recién molida
unas ramitas de cilantro, para la guarnición

Poner el aguacate en una licuadora junto con el
ajo, el zumo de limón y la leche de arroz.
Mezclar hasta que quede homogéneo.
Salpimentar y servir con cilantro fresco. 1 RACIÓN

infusión de angélica china

La angélica china es la hierba energizante de
mayor valor entre las mujeres orientales. Con
ellas se prepara una infusión ligeramente ácida
que regula las hormonas y ayuda a mantener el
funcionamiento normal del aparato reproductor.
Es un remedio ideal para prevenir y aliviar el
síndrome premenstrual. Mejora la circulación
hacia y desde el útero, alivia los dolores
menstruales, estabiliza el azúcar en la sangre,
regulariza los intestinos, aumenta la energía y
calma los nervios.

25 g de raíz seca de angélica, en rodajas
600 ml de agua

Poner las hierbas y el agua en una cacerola y
hacer que rompa el hervor. Cocer a fuego
lento unos 30 minutos, colar y beber
una taza dos veces por día. 2 o 3 RACIONES

cistitis

Una infección bacteriana aguda del tracto urinario provoca la sensación tan desagradable de sentir que nunca se evacua del todo la vejiga y, con frecuencia, lo que es peor, el dolor de estar pasando cristal molido en la micción. La cistitis también puede estar asociada con fiebre y dolores abdominales y suele afectar más a las mujeres que a los hombres, debido a las diferencias anatómicas. La uretra más corta de las mujeres abre un canal fácil para que las infecciones –normalmente de *E. Coli*– lleguen hasta la vejiga. Aunque muchas mujeres sufren de infecciones urinarias crónicas a menudo los síntomas no son evidentes y la infección sólo puede descubrirse en un análisis de orina de rutina.

No hay duda de que prevenir es mejor que curar. Si bebemos de 3 a 4 litros diarios e ingerimos regularmente sustancias para que nuestro organismo combata la infección y elimine las toxinas y bacterias del aparato urinario, jamás sufriremos de cistitis.

Por suerte, existe una gran variedad de ingredientes deliciosos que podemos incorporar a bebidas que harán lo necesario, tanto para prevenir como para curar las infecciones urinarias. Tal es el ejemplo de los arándanos. Estas frutas de sabor ácido contienen sustancias que no dejan que las bacterias se adhieran a las paredes del tracto urinario, de modo tal, que se eliminan fácilmente del sistema sin tener oportunidad de provocar infección. Además de eso, contienen arbutina, elemento con efecto diurético y propiedades antisépticas. El yogur cultivado es otro excelente preventivo de las infecciones urinarias; con él se preparan exquisitas bebidas cremosas y espesas, con propiedades refrescantes y suavizantes. Los zumos de fruta serán más sabrosos y reducirán la necesidad de poner azúcar.

Las zanahorias, el apio, el perejil y los espárragos –de propiedades diuréticas y antisépticas– también son ideales para preparar bebidas, como sopas o zumos, para el aparato urinario. Las sopas de puerro, cebolla y ajo desinfectan la vejiga, en tanto que el pepino, los calabacines/zucchini, la col, la pera y la cebada refrescan y calman la irritación de la vejiga y alivian el ardor.

agua inglesa tradicional de cebada

En la Inglaterra victoriana, el remedio tradicional para tratar la inflamación de vejiga era una decocción de cebada, a menudo con un poco de limón que hace más agradable el sabor de una bebida que de otro modo sería muy desabrida. También, la cebada se daba a inválidos y convalecientes para fortalecerlos. Ejerce un efecto maravillosamente refrescante y suavizante sobre las mucosas del tracto urinario, para aliviar la molestia, así como también propiedades diuréticas para eliminar la infección. Los limones ejercen una acción diurética y antiséptica adicional que optimizan los beneficios de esta decocción.

50 g de cebada integral
600 ml de agua hirviendo
1 1/2 cucharadas de miel
el zumo/jugo de 1/2 limón

Poner la cebada y el agua en una cacerola y hacer que rompa el hervor. Tapar y cocer a fuego lento unos 30 minutos. Agregar la miel y revolver. Enfriar, colar y añadir el zumo de limón. Beber tibio con frecuencia durante todo el día, según la gravedad de los síntomas. 2 o 3 RACIONES

zumo de arándanos

El zumo de arándanos –remedio muy popular en Norteamérica para curar la cistitis– ha sido investigado por su capacidad para prevenir y eliminar las infecciones urinarias. Originario de América del Norte, el arándano da a la bebida un color rosado intenso, aunque es una fruta tan ácida que la mayoría de la gente debe endulzarla con azúcar o miel. Eso no reduce su efectividad.

Beba un vaso pequeño todos los días como prevención o un vaso grande dos veces por día, para tratar la infección.

450 g de arándanos frescos
  (descongelar de ser necesario)
2 litros de agua
miel o azúcar a gusto
yogur natural cultivado (optativo)

Poner los arándanos en una cacerola grande con el agua y hacer que rompa el hervor. Cocer a fuego lento entre 15 y 20 minutos, hasta que el líquido se haya reducido sin llegar a formar un almíbar. Retirar del fuego y colar el líquido por un chino. Añadir la miel o el azúcar a gusto y revolver. Dejar enfriar antes de beber. Puede conservarse en el frigorífico entre 4 y 5 días. Si desea una bebida más suave y menos amarga, servir con 1 o 2 cucharaditas de yogur cultivado.

zumo de zanahoria y perejil

El sabor dulce y suave de la zanahoria se combina bien con el sabor más acre y aromático del perejil, para producir un remedio muy sabroso para la cistitis. Las propiedades suavizantes y diuréticas de las zanahorias aliviarán pronto la irritación e inflamación de la vejiga, en tanto que sus propiedades antisépticas ayudarán a combatir la infección. El perejil también es diurético y altamente antiséptico y, por su afinidad con el aparato urinario, es un excelente compañero en este dúo terapéutico.

250 ml de zumo/jugo de zanahoria
6 ramitas de perejil

Mezclar el zumo de zanahoria y el perejil en una licuadora. Beber dos veces por día para aliviar los síntomas. 1 RACIÓN

retención de líquidos

Cuando el cuerpo retiene un exceso de líquido, uno puede sentirse incómodo, hinchado y pesado, en particular en la zona de la cintura y en pies y manos. Esto suele darse en las mujeres durante los días previos a la menstruación y está relacionado con los cambios hormonales que provocan un aumento de sodio en el organismo. La retención de líquidos crónica puede ser consecuencia de problemas más serios, incluidas las enfermedades renales y cardíacas que requieren tratamiento profesional. En las personas desnutridas, también puede estar relacionado con deficiencias de proteínas, vitaminas y minerales.

Para minimizar la retención de líquidos es mejor reducir la cantidad de sal consumida; por lo tanto, evite alimentos salados como patatas fritas, olivas/aceitunas, anchoas, verduras encurtidas/en vinagre y carnes ahumadas y curadas, como el jamón y el tocino/panceta. Sin embargo, ésa no será una buena idea si vive o visita un país de clima cálido, si está embarazada o realiza ejercicios violentos en forma regular que le provocan una gran sudoración; eso podría trastornar el equilibrio de líquidos en el cuerpo. La relación entre el sodio y el potasio es tal que cuanto más potasio tomamos, tanto más es el sodio que excretamos; por esa razón será conveniente y recomendable tomar bebidas con alto contenido de potasio, por ejemplo, con plátanos y otras frutas frescas, tomates y verduras verdes.

Es importante beber por lo menos de 2 a 3 litros diarios, a pesar de la tendencia a suponer lo contrario y restringir la ingestión de líquidos. Cuanto más beba, mayor será la cantidad de sodio que se diluye en el cuerpo y mayor la cantidad de líquido que se elimina en la micción. En ese caso, se recomienda reemplazar el té y el café por infusiones de hierbas y zumos de frutas y verduras. Aunque el té y el café sean diuréticos, en realidad, ambos favorecen la retención de sodio y trastornan el equilibrio hormonal de las mujeres, que a la larga sólo servirán para agravar el problema. Existen muchas frutas y verduras ricas en potasio con propiedades diuréticas que proporcionan una gran variedad de ingredientes crudos para preparar bebidas: manzanas, cerezas, grosellas negras, melocotones y peras, zanahorias, pepino, espárragos, apio, perejil, cebollas y nabos para nombrar algunos.

zumo de potasio a la francesa

Las virtudes del berro han sido elogiadas durante siglos y tal vez ninguno lo hizo más que los franceses, quienes lo llamaron sencillamente *"santé du corps"*, es decir, salud del cuerpo. Su maravilloso sabor picante se combina muy bien con el apio y el perejil aromáticos; el resultado será un diurético efectivo, abundante en potasio y toda una gama de otros nutrientes para depurar y nutrir el sistema.

1 manojo de berro, lavado
3 zanahorias grandes, lavadas
*   y cortadas en cubos*
3 tallos grandes de apio, lavados y picados
6 ramitas de perejil

Hacer zumo de berro, zanahorias y apio y mezclar. Servir con perejil picado. 1 RACIÓN.

sopa escocesa de nabos

A los escoceses les gusta mucho el nabo; la más antigua de las verduras cultivadas. Su consumo se remonta a unos 3.000 años y ha sido reconocido como un diurético efectivo desde los tiempos del Imperio Romano. Esta sopa espesa y nutritiva, rica en vitaminas y minerales, que tiene mucho potasio, adquiere sabor con el tomillo aromático que suma sus propias cualidades diuréticas.

1 cucharada de aceite de oliva
2 cebollas, peladas, cortadas en rodajas
175 g de patatas/papas, peladas y en cubos
1,2 litros de caldo de verdura o de pollo
unas ramitas de tomillo atadas
sal y pimienta recién molidas
una pizca de pimienta de Cayena
perejil fresco picado, para la guarnición

Calentar el aceite en una cacerola grande, agregar la cebolla y cocer a fuego lento unos 5 minutos. Añadir la patata, el nabo y el tomillo; salpimentar. Hacer que rompa el hervor, tapar y cocer a fuego lento unos 20 minutos, hasta que las verduras estén blandas. Retirar el tomillo. Revolver y volver a salpimentar si es necesario. Servir con una pizca de pimienta de Cayena y un poco de perejil. 4 RACIONES

cascada china

Este dulce y refrescante zumo de frutas sabe tan bien que merece un lugar en el menú del paraíso; combina tres ingredientes que los chinos valoran por sus propiedades depurativas y diuréticas. Las uvas, la pera y el melón son altamente nutritivos, ricos en vitaminas y minerales, incluido el potasio, y todos fortalecen y estimulan el funcionamiento de los riñones. Puede reemplazar el zumo de uva por el de manzana, si lo desea.

250 ml de zumo/jugo de uva
250 ml de zumo/jugo de pera
250 ml de zumo/jugo de melón
cubitos de hielo (optativo)
jengibre molido, para la guarnición

Mezclar los zumos de frutas. Servir con hielo si lo desea y espolvorear con un poco de jengibre. 2 RACIONES

4

bebidas para el alma y el espíritu

bebidas para el alma y el espíritu

Si bien uno podría sorprenderse de que los alimentos comunes que encontramos en la cocina puedan beneficiar la salud del cuerpo, es posible que la sorpresa sea aún mayor al saber que también pueden influir sobre la mente y las emociones. Tomemos el caso de la depresión. En el cerebro, hay elementos químicos que ayudan a transmitir mensajes de una célula nerviosa a otra. Dos de esas sustancias que ejercen un efecto significativo sobre el estado de ánimo –conocidas como serotonina y noradrenalina– se producen a partir de los alimentos que comemos y bebemos. Si el nivel de dichas sustancias es bajo, quizás aumente la tendencia a sentirnos deprimidos; esa situación podría revertirse comiendo determinados alimentos. Los alimentos dulces, ricos en carbohidratos, mejoran el estado de ánimo. Las frutas secas, como albaricoques, plátanos, higos y dátiles, y los granos integrales, trigo, cebada y avena, pueden emplearse en bebidas que nos levanten el espíritu naturalmente. La serotonina y la noradrenalina también derivan de aminoácidos que se encuentran en ciertos alimentos proteínicos, incluidos el pescado y las aves, los frutos secos y las semillas.

También, los alimentos pueden actuar de una forma más generalizada, nutriendo para fortalecer el trabajo del sistema nervioso. Las frutas y verduras ricas en vitamina C ayudan a protegernos contra los efectos del estrés. Las vitaminas B son vitales para los nervios y si incorporamos a las bebidas granos integrales, frutos secos y semillas, verduras de hoja –brócoli, espinaca, col y espárragos– y leche, estaremos haciendo mucho para mantener el ánimo estable. Las verduras de hoja, los frutos secos y las semillas, la avena, los productos lácteos y las frutas secas son ricos en minerales esenciales para el sistema nervioso, en particular, calcio y magnesio.

Escogemos ciertos alimentos porque armonizan alma y espíritu con el cambio de las estaciones; de ahí que bebamos algo que nos dé calor en invierno y algo que nos refresque en verano, nos fortalezca en otoño y nos renueve en primavera. Otros elementos resultan en especial reconfortantes cuando sentimos la necesidad de afecto. Con frecuencia, los alimentos que escogemos para sentirnos mejor se vinculan con la infancia; con el amor y la naturaleza. Tal vez, ésta sea la razón por la que a veces comemos cosas dulces para alegrarnos; tradicionalmente, a los niños se les ofrecen dulces como golosina y recompensa y, por sipuesto, no nos olvidemos de que la leche materna también es dulce. Según la medicina ayurvédica, los alimentos dulces producen mayor *kapha* e inducen a la seguridad y calma interiores.

El agregado de hierbas y especias a las bebidas para reconfortarnos emocionalmente, es la cobertura del pastel. Varias de esas hierbas, como la hierba de San Juan y el romero, tienen la propiedad de elevar el espíritu y recuperar nuestra *joie de vivre*. Otras, como el espliego, la camomilla, la hierba gatera, la tila y la verbena, pueden calmar la ansiedad y permitir un sueño reparador. Las especias calóricas, como canela, jengibre y cardamomo, no sólo son deliciosas en las bebidas calientes para el invierno, sino que también aumentan la energía y la capacidad para enfrentar problemas en la vida. Algunas hierbas, incluidas el ginséng y el regaliz, casi pueden aumentar milagrosamente nuestra resistencia al estrés y ayudarnos a mantener el equilibrio casi en contra de todas las probabilidades. Si bien es de esperar que las bebidas que se describen en las páginas siguientes sean un deleite para el paladar, quizá también puedan llegar a nuestro interior para nutrirnos y ayudarnos en la vida diaria.

calmar la ansiedad

La ansiedad puede ser una respuesta perfectamente normal a una situación angustiante, como un examen, una entrevista para conseguir empleo o hablar en público. Es de corto plazo y, en general, desaparece una vez que ha finalizado el acontecimiento. Sin embargo, a veces esas situaciones de angustia no se resuelven solas muy fácilmente. Por ejemplo, las dificultades corrientes que pueden existir en un matrimonio o entre socios o compañeros de trabajo, el desgano de los adolescentes y los problemas financieros, pueden producir situaciones de ansiedad de largo plazo, donde se pondrá en juego nuestra capacidad para enfrentar los conflictos. Es cierto que algunas personas son más capaces que otras para tolerar el estrés, algunas incluso sufren una sensación generalizada de ansiedad por ninguna razón aparente. El estrés en personas susceptibles puede desencadenar otros problemas, como trastornos digestivos, insomnio, problemas cutáneos, desequilibrios hormonales, ataques de pánico y palpitaciones.

Hay muchas formas para ayudarse a enfrentar mejor el estrés y bajar los niveles de ansiedad *(véase Aliviar el estrés, p. 138)*. Es posible que un momento de reflexión le permita ver las causas responsables de tal ansiedad y sugieran los cambios que puede realizar en su vida para aliviar la situación. El ejercicio físico –de cualquier forma– y la respiración profunda disiparán los niveles altos de adrenalina y le ayudarán a sentirse más relajado. Quizá descubra que el yoga, el *Tai chi*, los ejercicios de relajación o meditación resultan particularmente útiles. Siempre es mejor no consumir bebidas que contengan cafeína, pues ésta aumenta el efecto de la adrenalina y eleva los niveles de ansiedad. La cafeína y el alcohol pueden perturbar el sueño y hacerle sentir aún peor.

Las bebidas que contienen ingredientes sedantes, como frutos secos y semillas, granos (avena y cebada), verduras como lechuga, nabos y patatas, y frutas dulces, como dátiles y plátanos, le ayudarán a calmar la ansiedad. Además, son ideales las hierbas y especias con efectos relajantes. Las sopas y zumos pueden condimentarse con toronjil, romero, pasionaria, camomilla, valeriana, espliego, clavo y cardamomo, o preparar con ellas tisanas que podrá beberlas hasta sentirse mejor.

tisana provenzal de espliego y toronjil

El espliego de la Provenza –Francia– es famoso por su exquisito aroma y sabor. En esta receta, combinado con toronjil, resulta una infusión refrescante y deliciosa que sabe tan bien que hasta con el corazón cargado de tristeza podrá disfrutarla. El espliego ejerce un efecto muy relajante sobre la mente y el cuerpo y es excelente para calmar la ansiedad y los síntomas relacionados con el estrés, como dolores de cabeza, insomnio y palpitaciones. De igual forma, el toronjil es un sedante natural que aumenta la relajación e induce al sueño.

2 cucharaditas de flores de espliego
2 cucharaditas de hojas de toronjil
600 ml de agua hirviendo
miel a gusto (optativo)

Poner las hierbas en una tetera y verter agua hirviendo. Tapar y dejar en infusión entre 10 y 15 minutos. Beber una taza, 3 veces por día o más, si es necesario. Endulzar con miel, si lo desea. 2 o 3 RACIONES

sopa italiana de patatas, tomates y albahaca

De todas las recetas de sopas, ésta es mi favorita; la mezcla de patata, tomate y albahaca sabe como un arquetipo de perfección. La nutritiva patata proporciona nutrientes para el sistema nervioso, como las vitaminas B, C y el potasio; el tomate tiene vitaminas A y E y mucho hierro. La albahaca –en verdad da vida a este plato– es un tranquilizante natural, que relaja la tensión muscular de todo el cuerpo y calma la ansiedad. Es un remedio maravilloso para todos los síntomas relacionados con el estrés.

4 cucharadas de aceite de oliva
1 cebolla grande, pelada y en rodajas
1 hoja de laurel
1 kg de patatas/papas, peladas y picadas gruesas
sal y pimienta recién molida
1,5 litros de agua
450 g de tomates, pelados y picados
2 puñados de hojas de albahaca fresca

Calentar 1 cucharada de aceite de oliva en una cacerola grande. Agregar la cebolla y la hoja de laurel; cocer a fuego mediano entre 4 y 5 minutos. Añadir la patata y un poco de sal, tapar y cocer a fuego lento unos 5 minutos. Agregar agua, hacer que rompa el hervor y cocer a fuego lento, tapado, más o menos 20 minutos, hasta que las patatas estén blandas. Sin escurrir, hacer un puré ligero con un pisapapas; no mezclar.
Calentar 1 cucharada de aceite en un cazo. Agregar el tomate y cocer a fuego mediano hasta que la mezcla empiece a espesar. Deshacer el tomate; la preparación debe tomar la consistencia de una salsa. Salpimentar a gusto y añadir a la mezcla de patata. Combinar la albahaca con 2 cucharadas de aceite en una licuadora y salpimentar. Servir con una cucharada colmada de puré de albahaca en cada bol y mucha pimienta negra recién molida. 6 RACIONES

reconstituyentes de primavera

En la naturaleza, la primavera es la estación de la renovación de la vida; de igual forma, para nosotros es tiempo de despertar y despedirse del letargo invernal. Las bebidas de primavera renuevan la energía y la vitalidad y al mismo tiempo desintoxican el organismo de todo lo acumulado por los hábitos sedentarios de los meses de invierno. Ciertos alimentos y hierbas, como berro, hojas de diente de león, brotes tiernos de ortiga, coles y puerros, tienen la gran capacidad de hacer justamente eso.

tónico primaveral de Toscana

Ya en el siglo XVII, el apio era muy popular entre los italianos. En realidad, el antiguo nombre en francés del apio es sceleri d'Italie. Maravillosamente aromático, el apio se combina bien con el sabor similar del perejil, el picante del ajo y el dulce de la zanahoria, para preparar este zumo de verduras altamente nutritivo. Perfecto como depurativo de primavera, el apio, el perejil y las zanahorias tienen propiedades diuréticas, estimulan la eliminación de toxinas por los riñones, en tanto que el ajo fortalece todo el organismo, desinfectando y limpiando a medida que se digiere.

250 ml de zumo/jugo zanahoria
125 ml de zumo/jugo de apio
1 diente de ajo
1 puñado de perejil fresco
unas ramitas de perejil,
    para la guarnición

Mezclar todos los ingredientes en una licuadora o procesadora. Servir con guarnición de perejil. 1 RACIÓN

cerveza galesa de diente de león

Con esta receta tradicional de Gales se prepara una cerveza excelente para aplacar la sed; no es muy alcohólica. La combinación del sabor amargo del diente de león y el picante del jengibre es perfecta para hacer un depurativo de primavera. El sabor amargo estimula el funcionamiento del hígado –el gran órgano desintoxicante del cuerpo–, en tanto que el del jengibre ejerce un efecto estimulante en todo el sistema, mejorando la digestión y absorción, y asegurando la excreción de toxinas y desechos.

225 g de plantas tiernas de diente
    de león
4,5 litros de agua
15 g de raíz de jengibre, en rodajas,
    un tanto machacada
la cáscara fina y el zumo/jugo
    de 1 limón
450 g de azúcar demerara
    (morena/negra)
25 g de cremor tártaro
7 g de levadura seca de cerveza

Arrancar de la tierra las plantas tiernas de diente de león completas, lavarlas, cortar las raíces secundarias, que son fibrosas, y dejar la raíz principal. Ponerlas en una cacerola grande con agua, jengibre y cáscara de limón. Hacer que rompa el hervor y cocer a fuego lento unos 10 minutos. Colar y verter sobre el azúcar y el cremor tártaro en un cubo de fermentación. Revolver hasta que el azúcar se disuelva. Preparar la levadura según las instrucciones del paquete y agregar al mosto tibio con zumo de limón. Tapar y dejar en reposo en un lugar cálido unos 3 días. Colar y pasar a botellas con tapa de rosca. En una semana, la cerveza estará lista para beber y, si la guarda en un lugar fresco, se conserva más o menos un mes.

sopa de ortiga y col

La abundante cantidad de clorofila de la ortiga da a esta sopa un color maravillosamente fuerte que lo hará sentir sano con sólo mirarla. Rica en vitaminas, minerales y oligoelementos, nutre y depura al mismo tiempo. La col –antiséptica, diurética, estimulante para el hígado y laxante– es ideal para hacer un tónico de primavera, que explica su antigua reputación para purificar la sangre. De igual manera, la ortiga activa la función hepática y renal, depurando el cuerpo de toxinas y desechos, y restaurando la vitalidad del organismo.

1 cucharada de aceite de oliva
1 cebolla grande, pelada y picada
2 puerros, lavados y cortados en rodajas
100 g de col/repollo, picada
1,2 litros de caldo de verdura o de pollo
sal y pimienta recién molida
2 puñados de brotes de ortiga, lavada
2 cucharadas de perejil o cilantro fresco, picado
nuez moscada molida, para espolvorear

Calentar el aceite en una cacerola, agregar la cebolla y cocer hasta que esté blanda. Añadir el puerro y la col, tapar y cocer a fuego lento unos 10 minutos. Agregar el caldo y salpimentar. Hacer que rompa el hervor y cocer a fuego lento unos 20 minutos; añadir la ortiga en los últimos minutos de la cocción. Retirar del fuego y mezclar. Añadir el perejil o el cilantro antes de servir y espolvorear con nuez moscada.

4 RACIONES

calmar la mente perturbada

Cuando el estrés y la ansiedad nos pesan demasiado e interfieren en nuestra capacidad de relajarnos y reflexionar, podemos recurrir a una gran cantidad de plantas que nos ayuden a recuperar un poco del equilibrio y armonía perdidos. Un tiempo en el jardín o un paseo por el campo pueden serenar la mente. Si le resulta difícil desconectarse mentalmente, beba infusiones de hierbas tranquilizantes, como camomilla, tila, menta, toronjil o hierba gatera. Esas hierbas son ideales para aliviar la tensión muscular y aquietar una mente hiperactiva; dichas situaciones pueden llegar a impedir la contemplación y meditación, o interferir en la concentración normal en el trabajo.

La avena, el trigo, la cebada y el arroz ejercen un efecto calmante sobre la mente y el cuerpo, así como las almendras, los plátanos y los dátiles. Acompañados con especias suaves, como cardamomo y canela, estos ingredientes pueden inducir a un estado de paz y meditación. Es interesante que la avena y las especias también desempeñan su parte aumentando la energía *(véase p. 56)*. Si sufre de estrés o inquietud, no consuma bebidas estimulantes, como café o té.

tranquilizante de plátanos

Este suave, cremoso y reconfortante batido de leche con plátanos ayudará a serenar la mente. El alto contenido de almidón y las cualidades nutritivas de los plátanos pueden tranquilizar cuando uno está quemando cantidades de energía por situaciones de nervios. Por su ligero efecto calmante, esta bebida dulce es excelente para aplacar la inquietud, en especial si ésta se debe a un exceso de trabajo o estrés.

250 ml de leche
1 plátano/banana, pelado y cortado en rodajas
4 cubitos de hielo
1 cucharada de miel
una pizca de nuez moscada molida
    o recién rallada

Mezclar todos los ingredientes en una licuadora o procesadora, hasta lograr una mezcla homogénea. Servir espolvoreado con más nuez moscada, si lo desea. 1 RACIÓN

sopa griega de lechuga

Esta deliciosa sopa fría es ideal para tranquilizarse en esos días de mucho nerviosismo. Los efectos refrescantes del yogur y la lechuga pueden ayudar a desacelerar esa mente que no encuentra sosiego. El agregado de menta contribuye a estimular la circulación de sangre a la cabeza, aclarando las ideas.

1 cucharada de aceite de oliva
2 cebollas medianas, peladas y en rodajas
2 patatas/papas, peladas y en cubos
1 diente de ajo, machacado
1 lechuga grande, picada
900 ml de caldo de verdura o de pollo
sal y pimienta recién molida
3 cucharadas de yogur natural espeso
hojas de menta recién picadas, para la guarnición

Calentar el aceite en una cacerola y saltear a fuego lento la cebolla, la patata y el ajo, unos 5 minutos. Agregar la lechuga, el caldo y salpimentar. Hacer que rompa el hervor, tapar y cocer a fuego lento hasta que las verduras estén tiernas. Dejar que la sopa se enfríe. Mezclar en una licuadora; agregar el yogur y revolver. Enfriar en el frigorífico entre 3 y 4 horas. Servir con menta. 4 RACIONES

licuado serenidad

Deliciosa bebida dulce que nutre y aquieta la mente. El sabor dulce de la leche de arroz, las almendras y los dátiles es contrarrestado por el sabor picante del jengibre que nos trae más de una señal de Oriente. Todos los ingredientes ejercen un efecto fortalecedor y estabilizador de los nervios, contribuyendo a mejorar la memoria y concentración; no es de sorprender que estos alimentos hayan sido empleados en la India durante miles de años para lograr la paz mental.

1 cucharada de almendras molidas
100 g de dátiles sin hueso
350 ml de agua o leche de arroz
1 cucharadita de jengibre molido

Mezclar todos los ingredientes en una licuadora o procesadora hasta que la preparación quede homogénea. 1 RACION

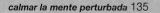

calmar la mente perturbada 135

refrescos de verano

La idea de la felicidad en una tarde calurosa de verano es relajarse en una hamaca o sillón, a la sombra de un viejo árbol frutal en el jardín y, ociosamente, dejar pasar las horas no haciendo otra cosa que beber lentamente una refrescante bebida frutal. Hay ciertos alimentos y hierbas que sirven para preparar bebidas perfectas para el verano, como pepino, berro, plátanos, melón, mangos, flores de saúco, menta, toronjil y yogur. No sólo saben deliciosos en refrescos, sino que también tienen propiedades para tranquilizar.

zumo de menta

En verano, ninguna otra hierba puede rivalizar con la menta; sus frescas hojas, combinadas con limón y hielo, resultan la bebida ideal cuando tenemos calor y estamos sedientos. Es interesante notar que en el lenguaje de las flores, la menta representa el refresco eterno. El efecto refrescante de la menta se experimenta en la lengua al minuto de saborearla y esa sensación no tarda en dispersarse por el resto del cuerpo. Su capacidad para estimular la mente y el cuerpo es particularmente bienvenida después de una comida pesada, cuando la modorra de una tarde calurosa amenaza con perturbar nuestra eficiencia en el trabajo.

1 y 1/2 limón, lavado
2 cucharadas de hojas de menta fresca, machacadas
1 1/2 cucharadas de azúcar
600 ml de agua hirviendo
cubitos de hielo
unas ramitas de menta,
    para la guarnición

Cortar el limón en rodajas; reservar el zumo. Ponerlo en una jarra, junto con la menta y el azúcar. Verter agua hirviendo y dejar que se impregne unas 2 horas. Colar y servir en vasos con hielo, adornados con menta.

2 o 3 RACIONES

cordial inglés de flor de saúco

Este cordial de delicado aroma es un exquisito refresco ligero con sabor a frutas. Un sorbo nada más y uno se siente de inmediato transportado a la perfección de una tarde cálida de verano, en medio de la campiña inglesa. El efecto refrescante de las flores de saúco se experimenta de dos formas principales. Llevando sangre a la piel, el calor se libera por los poros y, por su acción diurética, eliminando el exceso de calor, como de toxinas, por los riñones.

1,2 litros de agua
1,3 kg de azúcar
1 limón, en rodajas
25 flores grandes de saúco
75 g de ácido cítrico
agua mineral con o sin gas, para diluir

Poner el agua en una cacerola grande y hacer que rompa el hervor. Agregar el azúcar y el limón; retirar del fuego, hasta que el azúcar se disuelva. Volver a llevar al fuego y hacer que rompa el hervor. Añadir las flores de saúco y el ácido cítrico. Nuevamente, hacer que rompa el hervor; retirar del fuego y dejar en reposo hasta que se enfríe. Colar y pasar a botellas con corcho. Puede beberse de inmediato. Guardada en un lugar fresco, se conserva hasta 3 meses. Al servir, diluir en 5 partes de agua y agregar hielo.

sopa fría de pepino y menta

El pepino –refrescante, que aplaca la sed– es un compañero perfecto para la menta, la más refrescante de las hierbas. Juntos, hacen una exquisita sopa fría para un día de calor: el sabor ligeramente picante de la menta y las cebolletas contrasta con la suavidad del pepino. El yogur le otorga una consistencia cremosa y propiedades refrescantes adicionales.

1 pepino grande, pelado y en cubos
6 cebolletas/cebollas de verdeo, despuntadas y picadas
250 ml de agua (o caldo de verdura o de pollo)
3 cucharadas de yogur natural, estilo griego
el zumo/jugo de 1 limón
6 ramitas de menta fresca
sal y pimienta recién molida

Mezclar el pepino, la cebolleta y el agua (o el caldo), hasta que todo quede homogéneo. Agregar el yogur y el zumo de limón. Separar las hojas de menta del tallo, reservar algunas para la guarnición, después, picar finas y añadir a la mezcla de yogur; revolver. Salpimentar a gusto. Tapar y llevar al frigorífico 1 hora. Servir con menta. 3 o 4 RACIONES

aliviar el estrés

El estrés es una faceta natural e inevitable de la vida. Aunque la mayoría de nosotros solemos considerarlo como algo completamente negativo, puede ser un gran motivador, siempre que no se nos vaya de las manos. Con frecuencia, se afirma que el estrés no es en sí mismo un problema, sino la forma en que respondemos a él. Sin duda, la reacción de la gente frente al estrés varía según su formación y temperamento. Algunos se toman la vida con calma y no se tensionan, en tanto que otros son más sensibles y vulnerables. Lo importante es encontrar el equilibrio correcto entre estrés y relajación. Los períodos prolongados de estrés irán desgastando, poco a poco, nuestra energía vital y nos llevarán al agotamiento y la enfermedad; en muchos de nosotros más pronto que en otros.

Siempre debe comer una buena dieta regular y dormir bien. Las vitaminas B y C y los minerales cinc, potasio, magnesio y hierro se consideran los nutrientes más importantes para dar batalla al estrés. Nuestro cuerpo los recibe de la ingestión de granos integrales, frutos secos y semillas, frutas y verduras, en tanto que una dieta alta en azúcar, carbohidratos refinados y comida chatarra puede contribuir a deficiencias dietarias.

Alimentos, como plátanos, dátiles, higos, almendras, anacardos, coco, aguacate, mango y papaya, ejercen un efecto calmante y fortalecedor de los nervios. Las especias, incluidos cardamomo, canela, jengibre, cilantro y clavo, son grandes calmantes para el estrés. Varias hierbas tienen un efecto maravillosamente tonificante en el sistema nervioso: ginséng, regaliz, escutelaria, verbena, betónica y toronjil son buenos ejemplos. Otras hierbas, como espliego, romero, camomilla, albahaca, cardiaca, lúpulo, regaliz, tila y pasionaria, pueden emplearse sin temor en lugar de los tranquilizantes de la medicina tradicional, si se siente tenso o tiene problemas para dormir. Todas esas hierbas no crean adicción.

leche de coco y plátanos de Tanzania

Muchas recetas de Tanzania –sopas, guisos y postres– se hacen a base de plátanos y a menudo se combinan con coco. La mezcla de estos dos dulces sabores es maravillosa. Tanto los plátanos como el coco son altamente nutritivos, ricos en vitaminas B, calcio, magnesio, hierro y potasio. Fortalecen e incluso ayudan al rejuvenecimiento; por su efecto calmante resultan alimentos ideales para aliviar el estrés.

3 plátanos/bananas medianas, maduros
250 ml de leche de coco
un poco de canela molida

Poner los plátanos y la leche de coco en una licuadora y mezclar hasta que quede homogéneo. Servir espolvoreado con canela.
1 o 2 RACIONES

sopa de aguacate de Oriente Próximo

En países como Turquía e Israel, es muy común tomar sopa fría de aguacate, que con frecuencia se sirve como plato principal en verano. Es espesa y cremosa; en esta receta la suavidad del aguacate se contrarresta con el sabor picante del jengibre. Los aguacates son ricos en nutrientes para el sistema nervioso; vitaminas B y C, potasio y hierro. Calman y fortalecen los nervios y son excelentes en momentos de estrés.

3 aguacates/paltas grandes, pelados y picados
500 ml de caldo de verdura o de pollo
el zumo/jugo de 1 y 1/2 limón
6 cebolletas/cebollas de verdeo, picadas
3 dientes de ajo, pelados
250 ml de nata/crema fresca o yogur natural
1-2,5 cm de raíz fresca de jengibre, pelada
*   y rallada*
sal y pimienta recién molida
perejil fresco, para la guarnición

Poner el aguacate en una licuadora, junto con el zumo de limón y mezclar hasta que quede homogéneo. Agregar la cebolleta, el ajo, la nata fresca (o el yogur) y el jengibre a gusto; volver a mezclar. Salpimentar. Tapar y enfriar 1 hora. Añadir más caldo –si está muy espeso– y zumo de limón a gusto. Servir con perejil. 4 RACIONES

tónicos de otoño

La "estación de la bruma y la tierna fertilidad" es un buen momento para aprovechar la abundancia de frutas, que de otro modo podrían pudrirse en el suelo de la huerta o en la frutera. Las bebidas con muchas vitaminas y minerales, preparadas con manzanas, peras, ciruelas, moras y bayas de saúco, proporcionan nutrientes vitales para el sistema inmunológico y sirven para preparamos en forma para los embates del invierno y las enfermedades que podrían sobrevenir. Las especias agregadas para mejorar el sabor de la fruta ofrecen beneficios adicionales, al estimular la circulación y mantener nuestra temperatura a medida que el clima se hace más frío.

cordial de bayas de saúco

Este cordial de rico color rojo oscuro es un verdadero depósito de vitaminas A y C, y un jarabe delicioso para prevenir y tratar tos, resfrío y gripe, dolor de garganta y fiebre. Hasta finales del siglo XIX, las bebidas calientes con bayas de saúco se vendían en las calles de Londres, en los días y las noches de invierno para dar ánimo a trabajadores y viajeros y protegerlos del frío. Con frecuencia se agregaba canela para aumentar el efecto calórico.

450 g de bayas frescas de saúco
450 g de azúcar morena/negra

Separar las bayas de los tallos, lavar y machacar. Poner en una cacerola con azúcar. Hacer que rompa lentamente el hervor y cocer a fuego lento, hasta alcanzar la consistencia de almíbar. Pasar por un chino y guardar en botellas limpias y cerradas herméticamente. Tomar regularmente de 1 a 2 cucharadas en una taza de agua caliente, en forma preventiva o al comienzo de los síntomas de resfrío. Esta receta también se puede preparar con otras frutas, como moras y grosellas negras.

zumo de tomate italiano

La "manzana del amor" de color rojo brillante, como solía llamarse al tomate, siempre es atractiva en bebidas, y este zumo espeso y picante no es la excepción. Los tomates han gozado de popularidad en la cocina italiana desde la Edad Media, cuando Fra Serenio –de regreso de sus viajes por China– llevó consigo las preciosas semillas. Rico en vitaminas y minerales antioxidantes, los tomates dan energía y vitalidad, contribuyen a la eliminación de toxinas y mejoran las defensas para combatir las infecciones.

450 g de tomates maduros, picados
2 cucharaditas de zumo/jugo de limón
3 cucharaditas de salsa Worcestershire
1 cucharadita de salsa de soja
sal a gusto
una pizca de pimienta de Cayena
tomillo fresco o seco,
*   para la guarnición*

En una licuadora o procesadora, mezclar el tomate, el zumo de limón, la salsa Worcestershire, la salsa de soja, la sal y la pimienta de Cayena. Colar y servir en vasos con hielo y tomillo.

3 O 4 RACIONES

infusión de manzana y canela a la francesa

La combinación tradicional de manzana y canela funciona bien en esta infusión dulce y condimentada. El sabor ácido y las propiedades refrescantes de las manzanas se contrarrestan con el dulzor y las propiedades calóricas de la miel y la canela. Jean Valnet, el fitoterapista francés, recomienda una infusión de manzana cada día para prevenir resfríos y gripes y para evitar la artritis y la gota.

*4 manzanas, lavadas y cortadas
    en rodajas
600 ml de agua
2 cucharadas de miel
1 cucharadita de canela molida*

Poner las manzanas en una cacerola, agregar el agua, tapar y cocer a fuego lento, hasta que se ablanden. Colar, añadir la miel y la canela y revolver. Servir caliente. 2 o 3 RACIONES

curar las emociones

Es inevitable que los trastornos emocionales se presenten en los avatares de la vida y, en muchos casos, servirán como maestros y nos darán una perspectiva de lo que en verdad significa ser humano. Por esta razón, no siempre es aconsejable tratar de liberarnos de emociones incómodas y dolorosas, medicándonos con drogas de la medicina moderna, por ejemplo, para sedarnos, parar una depresión o disimular el dolor.

Lo que por cierto siempre necesitamos en tiempos difíciles es el apoyo; amigos o familiares que nos brinden un hombro sobre el cual llorar, alguien con quien hablar y una oportunidad para expresar nuestras emociones. Sin embargo, también podemos recurrir a alimentos y hierbas que nos ayuden y curen mientras enfrentamos los problemas, de forma tal que el estrés no logre imponerse y conducirnos a un agotamiento nervioso y a una enfermedad física.

Para aumentar la resistencia general al estrés que los problemas emocionales ejercen sobre nuestro sistema nervioso, necesitamos ayudar al cuerpo y particularmente a los nervios *(véase Aliviar el estrés, p. 138)*. Para las emociones, existe un mundo casi maravilloso de flores que ofrecen un sinfín de formas de cura, pues las flores parecen tener el poder de curar en todos los niveles del ser. Pueden actuar como catalizadores de la toma de conciencia y la comprensión, para liberar bloqueos emocionales y permitirnos dejar atrás el dolor que resulta del rompimiento de una relación, una pena o un trauma. Por ejemplo, la pulsátila es un remedio perfecto para aquellos que se sientan inseguros, acongojados, solitarios y vulnerables, con miedo a ser abandonados. Con el hisopo se prepara un maravilloso tónico para los nervios que alivia la ansiedad, la tensión, el agotamiento y la depresión que se originen en problemas emocionales y específicamente en sentimientos de culpa. El hisopo nos ayuda a liberarnos de tales sentimientos, permitiéndonos darnos la absolución.

almíbar hindú de rosas con leche de coco

El solo hecho de saborear este néctar dulce es suficiente para llevar la alegría al corazón. Desde hace mucho tiempo las rosas se han relacionado con el amor y los asuntos del corazón. Ejercen un efecto maravillosamente edificante y restaurador, ideales para tener en cuenta cuando se sienta ansioso, deprimido, enfadado, solitario y molesto. Están indicadas especialmente para aquellos que carecen de amor en la vida. En India, el coco se considera un regalo que los dioses hacen a los seres humanos y un símbolo de buena suerte en las relaciones amorosas.

1 cucharada de almíbar de rosas
250 ml de leche de coco
cubitos de hielo

Para preparar el almíbar de rosas, recoger pétalos, pesarlos y ponerlos en un bol con igual peso de azúcar. Machacar los pétalos y el azúcar, tapar y dejar en reposo toda la noche. Colar con un chino fino, pasar a botellas y guardar en el frigorífico. Añadir una cucharada de almíbar a una taza de leche de coco y revolver. Agregar hielo y diluir con un poco de agua, si es necesario. El almíbar se puede guardar un mes.
1 RACIÓN

infusión inglesa de pensamiento y camomilla

Los ingleses llaman al pensamiento "alivio del corazón" por su efecto para curar los dolores de una separación y las penas de un corazón herido. También, la camomilla contribuye a aliviar los dolores emocionales, aplacar la ira y calmar la tensión acumulada por problemas interiores, que de otro modo podrían contribuir a provocar insomnio y una enfermedad relacionada con el estrés. Con estos dos elementos se prepara una tisana ligera, perfecta para conseguir armonía.

1/2 cucharadita de flores de pensamiento
1/2 cucharadita de flores de
camomilla/manzanilla
250 ml de agua
miel a gusto (optativo)

Poner las flores en una tetera pequeña y verter agua hirviendo. Tapar y dejar en infusión entre 10 y 15 minutos antes de servir. Endulzar con miel, si lo desea. 1 RACIÓN

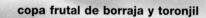

copa frutal de borraja y toronjil

Las flores de borraja y las hojas de toronjil flotando en la superficie de zumos, como de manzana o pera, resultan refrescos deliciosos para un día caluroso de verano pero pueden, al mismo tiempo, contribuir a aliviar el dolor emocional. En general, la borraja ejerce un efecto relajante y es famosa por su capacidad para disipar la pena y la tristeza y para ayudar a paliar el dolor de un corazón agobiado, lastimado o entristecido. El toronjil eleva el espíritu, equilibra las emociones y transmite fuerza y valor interiores.

600 ml de zumo/jugo de manzana o de pera
1 puñado de flores de borraja
1 puñado de hojas de toronjil

Calentar el zumo de fruta en una cacerola, casi hasta que rompa el hervor. Poner 1 cucharadita de cada hierba en una jarra y verter el zumo de fruta caliente. Tapar y dejar que se enfríe. Colar a una jarra limpia y decorar la superficie con unas flores de borraja y unas hojas de toronjil. Servir con hielo, si lo desea. 2 O 3 RACIONES

bebidas calientes de invierno

Las frutas, verduras, hierbas y especias proporcionan muchos remedios energéticos que activan la circulación de la sangre por todo el cuerpo y dilatan los vasos sanguíneos, de modo tal que el calor llega incluso hasta las extremidades que puedan estar más frías. No tendrá más que probar algunos de estos remedios y experimentar la sensación de ardor en la lengua y, a continuación, el calor en el estómago, para saber que el jengibre, el ajo, las cebollas, los puerros y la pimienta de Cayena son lo que hay que comer en un día frío de invierno.

almíbar caribeño de lima y cayena

La pimienta de Cayena es un estimulante importante para el corazón y la circulación, perfecto para las personas friolentas y para alejar las "tristezas" y el letargo.

600 ml de agua
1,3 kg de azúcar
la clara de 1 huevo
600 ml de zumo/jugo de lima
1-2 cucharaditas de pimienta de Cayena, a gusto

En una sartén, batir el agua, el azúcar y la clara de huevo. Hacer que rompa el hervor y cocer a fuego lento unos 10 minutos. Agregar el zumo de lima y seguir con la cocción lenta otro minuto más. Añadir la cayena, revolver y dejar que se enfríe. Pasar a una botella y cerrar herméticamente. Tomar dos cucharadas en una taza de agua caliente, cuando sea necesario.

sopa de szechwan

La combinación de cebolla, ajo y jengibre de esta sopa china caliente, de sabor amargo y con tradición de siglos, ejerce un efecto poderosamente estimulante, aumentando la circulación sanguínea del cuerpo y disipando el frío de la forma más efectiva.

5 champiñones chinos secos (o cualquier otra variedad de su elección)
25 g de fideos de arroz
1,5 litros de caldo de pollo
100 g de pollo cocido picado
225 g de brotes de bambú, en lata, escurridos
2 cucharaditas de ralladura fresca de raíz de jengibre
2 dientes de ajo, picados finos
1 huevo batido
1/2 cucharada de puré de tomate
1 cucharada de salsa de soja
1 cucharada de vinagre de sidra
2 cucharadas de aceite de sésamo
3 cebolletas/cebollas de verdeo, picadas finas
sal y pimienta recién molida

En un bol con agua caliente, poner en remojo los champiñones, unos 30 minutos; escurrir y picar. Remojar los fideos en agua fría unos 20 minutos, escurrir y cortar en trozos cortos. Calentar el caldo de pollo en una cacerola grande y hacer que rompa el hervor. Agregar los champiñones, el pollo, los brotes de bambú, el jengibre, el ajo y los fideos. Bajar el fuego, tapar y cocer a fuego lento unos 4 minutos; agregar el huevo en forma lenta y continua, sin dejar de revolver. Retirar la cacerola del fuego y agregar el resto de los ingredientes; reservar unas cebolletas para la guarnición. Salpimentar y servir con cebolleta como decoración. 4 RACIONES

cordial medieval de jengibre

Este cordial –verdaderamente vigorizante y picante– es tradicional en los monasterios desde la Edad Media. Estimula el corazón y la circulación, dando bienestar de la cabeza a los pies.

100 g de higos secos
1/4 cucharadita de pimienta de Jamaica
unas rodajas de raíz de jengibre fresca
1/4 cucharadita de nuez moscada molida
1 rama de canela
4 clavos
600 ml de cerveza de jengibre
1 cucharadita de zumo/jugo de limón

Cocer los higos en bastante agua como para cubrirlos, hasta que estén tiernos; mezclar para hacer una pasta homogénea. Volver a poner en la cacerola, agregar las especias y la cerveza de jengibre; calentar lentamente; tapar y cocer a fuego lento unos 10 minutos. Agregar el zumo de limón. Colar y beber una taza caliente cuando sea necesario. 2 o 3 RACIONES

para la depresión

Hay muchas formas de mantener y restaurar el equilibrio y la armonía en la vida, para volver a sentirse bien, sin dejar de prestar atención a síntomas de aviso que tal vez sean una señal para iniciar un cambio. Los alimentos, las hierbas y las especias pueden desempeñar su parte en la tonificación del sistema nervioso y, específicamente, muchos de ellos poseen propiedades para elevar el estado de ánimo que ayudan a disipar la negatividad y levantar el espíritu.

De vez en cuando, nos sentimos cansados, deprimidos o faltos de entusiasmo, de inspiración, e incluso de interés. A menudo, eso ocurre en invierno y afecta, en particular, a personas que suelen sentirse friolentas y aletargadas cuando hace frío. En esos casos, es mejor reducir a un mínimo la ingestión de alimentos con propiedades refrescantes, como productos lácteos, azúcar y derivados del trigo, en tanto que las especias calóricas –jengibre, cardamomo, clavo y canela– son lo mejor para mejorar el espíritu. Al aumentar la circulación y por lo tanto la eficiencia de cada célula del cuerpo, estas especias aumentan la energía y producen una sensación de bienestar.

Ciertos alimentos pueden elevar el espíritu, aumentando los niveles de endorfinas. Las frutas secas, como dátiles, higos y albaricoques, y los carbohidratos, como el arroz, como también la miel, aumentan las endorfinas que mejoran el estado de ánimo. Las proteínas de las almendras y semillas de sésamo también son ingredientes excelentes para bebidas que disipan la depresión.

La pimienta negra, con su sabor picante y propiedades calóricas, también es excelente para disipar el letargo. Las propiedades estimulantes contribuyen a aliviar la debilidad de los nervios, el mal humor y la depresión y le harán sentir alegría cualquiera sea el estado del clima. El cardamomo sirve como gran tónico energizante, genera fuerza, eleva el espíritu y disipa el letargo y la depresión. De uso intensivo en Extremo Oriente, Oriente Próximo y Latinoamérica para condimentar bebidas –especialmente licores y medicinas– el cardamomo es un agregado sabroso en ponches calientes, vinos con especias e infusiones.

infusión de toronjil

El toronjil –remedio maravilloso para los nervios– devuelve la energía y eleva el espíritu, como también calma la tensión y ansiedad.

25 g de hojas de toronjil
600 ml de agua hirviendo

Poner el toronjil en una tetera y verter agua hirviendo. Tapar y dejar en infusión entre 10 y 15 minutos. Beber, caliente o frío, hasta cuatro veces por día. 2 o 3 RACIONES

inspiración de algarroba

El fruto del algarrobo es delicioso en bebidas calientes; evoca el sol del Mediterráneo para iluminar un día gris. Naturalmente dulce y energizante, hace bebidas maravillosamente reconfortantes y tranquilizantes. El cardamomo y la leche son una combinación excelente, pues el primero contrarresta las propiedades de la leche, relativas a la formación de mucosidades. Cuando prepare esta receta, es importante hervir las vainas de cardamomo.

600 ml de leche o leche de soja
4 cucharaditas de algarroba en polvo
5 vainas de cardamomo, machacadas
miel a gusto

Agregar una cucharada de leche al polvo de algarroba y revolver hasta formar una pasta homogénea. Calentar el resto de la leche en una cacerola, añadir las vainas de cardamomo, tapar y cocer casi hasta el punto de ebullición, entre 20 y 30 minutos. Colar la leche, volver a poner en la cacerola y agregar la pasta de algarroba. Revolver y calentar a fuego lento otros 2 minutos. Retirar del fuego. 2 o 3 RACIONES

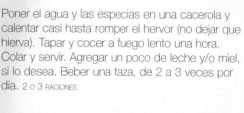

infusión para el estado de ánimo

El cardamomo no sólo es una especia deliciosa, sino también un tónico energizante y restaurador que da calor e inspiración. Originario de la India, donde desde hace mucho tiempo se emplea en la medicina ayurvédica para levantar el espíritu, disipar el frío y la depresión, recuperar la fuerza y vitalidad, e inducir a la tranquilidad de mente y la meditación.

600 ml de agua fría
4 granos de pimienta negra
4 vainas de cardamomo
1 rama de canela
4 clavos
unas rodajas de raíz fresca de jengibre
leche y/o miel a gusto

Poner el agua y las especias en una cacerola y calentar casi hasta romper el hervor (no dejar que hierva). Tapar y cocer a fuego lento una hora. Colar y servir. Agregar un poco de leche y/o miel, si lo desea. Beber una taza, de 2 a 3 veces por día. 2 o 3 RACIONES

apéndice

equipo

Todas las bebidas del libro son muy rápidas y fáciles de preparar, siempre que cuente con unos pocos utensilios básicos. Por supuesto, lo más elemental del equipo serán sus manos y algunos tazones y jarras, pues a menudo demuestran ser bastante adecuados. Sin embargo, algún electrodoméstico sencillo para la cocina es útil con frecuencia, ya que puede hacer en segundos lo que usted tardaría mucho más en hacer con las manos.

Licuadoras y procesadoras
Estas máquinas pueden emplearse indistintamente y son especiales para mezclar juntos todo tipo de ingredientes, hasta conseguir una textura cremosa y homogénea. Por ejemplo, en las sopas cremosas los ingredientes se cocinan según las instrucciones de la receta y, antes de servir, se pasan por la licuadora o procesadora para que la consistencia sea homogénea. El proceso transforma la mezcla de verduras en un líquido con la textura de la crema.

Las bebidas de frutas y los licuados preparados con licuadora o procesadora tienen la ventaja de conservar toda la fibra, que bien se sabe es vital para la salud de los intestinos, así también por su efecto para reducir los niveles de colesterol.

Si no tiene licuadora, siempre se puede batir a mano, pero el proceso es mucho más largo. Por ejemplo, cuando prepare un licuado, puede hacer puré con la fruta madura usando un tenedor, después mezclar con los demás ingredientes en un bol. El resultado jamás será tan homogéneo y cremoso como con licuadora, aunque sean iguales el sabor y los beneficios para la salud. Sin embargo, si desea incorporar bebidas saludables a su rutina diaria, bien valdría la pena invertir en una de estas máquinas.

Si debe mezclar grandes cantidades, un minipímer es una buena alternativa; cuando prepare una sopa, por ejemplo. En una licuadora, podría darle mayor trabajo, pues deberá pasar ingredientes de la cacerola a la licuadora para licuarlos por etapas. A menudo, es mucho más fácil batir con el minipímer directamente en el lugar donde estén los ingredientes: un bol, una jarra o una cacerola. En minutos, aun en segundos, el trabajo estará hecho.

Exprimidores
Los exprimidores sirven para extraer el zumo de frutas, verduras y hierbas, quedando la fibra en la máquina; existen muchas clases de exprimidores. Muchos de nosotros hemos estado exprimiendo durante años en un sencillo exprimidor de naranja para extraer los zumos de cítricos; este utensilio seguirá siendo una buena opción para esos fines. Los exprimidores eléctricos –basados en el mismo principio– reducen en mucho la presión que deje ejercerse sobre la fruta.

Es posible extraer el zumo de frutas y verduras a mano, pero el trabajo no es sencillo. Hay que rallar la fruta o verdura en un bol, después, ponerla en un trozo de muselina limpio y apretar bien fuerte con las manos. La cantidad de zumo extraído dependerá de la fuerza y el empeño que ponga en juego.

Los zumos de algunas verduras –por ejemplo, cebolla y col– pueden extraerse usando miel o azúcar para cubrirlas; estos ingredientes tienen propiedades hidroscópicas que extraen líquido (*véase Néctar de Nerón, p. 81; Almíbar de col y cilantro, p. 85*).

No obstante, para extraer zumos de otras frutas y verduras, no tendrá más remedio que hacerlo con una juguera. Existen distintos tipos de máquina y el que escoja dependerá de la clase de ingredientes con los que desea hacer zumo; la facilidad para desmontar, lavar y volver a montar la máquina; el tamaño; y el precio.

Los exprimidores centrífugos –los menos costosos– pueden extraer zumo de pequeñas cantidades de material cada vez, pero para casi todas las necesidades individuales sirven a la perfección. Como los demás tipos de máquina, estos exprimidores pican los ingredientes a alta velocidad y después separan el zumo de la pulpa.

Los exprimidores picadores son un tanto más caros, pero más eficientes al poder desintegrar mejor trozos duros de cáscaras y semillas.

Los exprimidores hidráulicos aceptan grandes cantidades y extraen más zumo de la pulpa picada, si bien son los de mayor precio. Se consigue por lo que se paga.

Elementos de limpieza
Lave todo el equipo bien a fondo después de usarlo, para evitar la suciedad y arruinar las bebidas con restos que puedan quedar de otras preparaciones. Si nota que quedan sabores de ingredientes muy fuertes, se recomienda pasar por la máquina manzana o limón; no sólo resolverá el problema, sino también podrá quitar las manchas a su equipo.

consejos generales

Escoger ingredientes

Cualquiera sea el método que emplee para preparar las bebidas, debe elegir ingredientes de la mejor calidad posible; las frutas y verduras de aspecto marchito jamás podrán competir en sabor y bondades con las frescas.

Si es posible, compre frutas y verduras orgánicas. Además de no contener una cantidad de riesgos asociados con el empleo de pesticidas, dichas frutas y verduras a menudo proporcionan nutrientes adicionales, pues en general no es necesario pelarlas.

Para no perder los nutrientes (vitaminas A y C y ácido fólico, en particular) durante el almacenamiento, es buena idea comprar ingredientes frescos en pequeñas cantidades y usarlos de inmediato.

Zumos comprados

Siempre es preferible extraer uno mismo el zumo de frutas y verduras, pues las bebidas recién preparadas son las mejores desde el punto de vista del máximo beneficio nutritivo. Sin embargo, vale la pena comprar equivalentes, si carece de medios para hacer sus propios zumos. Busque en las tiendas de productos naturales aquellos zumos especiales, como el de remolacha y col.

Alimentos congelados, secos y en lata

Las frutas y verduras frescas son las mejores para preparar todas las recetas del libro, pero si uno de los ingredientes no se consigue o está fuera de estación, podrá reemplazarlo por las versiones congeladas, secas o en lata.

Elija fruta de lata conservada en zumo de frutas o agua, en lugar de almíbar espeso, y frutas secas al sol, como albaricoques, antes que las secas en azufre, pues éstas podrían causar reacciones alérgicas en algunas personas sensibles.

Toques finales

Las guarniciones empleadas en las recetas –frutas, verduras, hierbas o especias– con frecuencia aumentan los beneficios terapéuticos de las bebidas. Sin embargo, también mejoran el aspecto y le harán muy bien, siendo a la vez tentadoras.

Beber lo más pronto posible

Es importante consumir las bebidas tan pronto las prepare, para aprovechar el máximo beneficio. Ciertos nutrientes (ácido fólico y vitaminas A y C, por ejemplo), no son estables y desaparecen con la exposición a la luz o el aire, mientras las bebidas están guardadas o servidas.

Puede guardar las sopas uno o dos días, pero siempre es mejor consumir de inmediato los zumos y licuados de frutas y verduras recién hechos, pues la mayor parte de las bondades se pierde después de 20 minutos.

Ayuno a base de zumos

Beber sólo zumos de frutas y verduras o agua durante un día (no más que una vez por semana, aunque se recomienda por lo menos una vez por mes) es excelente no sólo para hacer una depuración profunda del organismo, sino también para fortalecer la mente y el cuerpo. El ayuno con zumos brinda al aparato digestivo un día de descanso y es una excelente forma de eliminar toxinas.

El zumo de uva es el más popular de los zumos para ayunar, ya sea solo o combinado con otros. Busque en el libro las recetas que ayuden a desintoxicar –las que incluyan uva, zanahoria, remolacha y manzana, por ejemplo– o actúen como laxantes. No beba más de un vaso de zumo de zanahoria puro por día o más de cuatro vasos por semana.

Nota: *Las embarazadas, las personas con anemia o diabetes y aquéllas con desórdenes en la alimentación no deben hacer ayuno con zumos. Consulte con el médico, si tiene dudas.*

Infusiones de hierbas

Para preparar una infusión de hierbas, necesita una tetera o un cazo pequeño y un chino. En 600 ml de agua, use más o menos 2 cucharadas colmadas de hierba seca (o 4 de la fresca). Puede variar la cantidad de hierba a gusto.

Cuando emplee las partes blandas de la hierba –flores, tallos u hojas– ponga la cantidad correcta de hierba en una tetera caliente y vierta el agua hirviendo. Tape y deje en reposo entre 10 y 15 minutos, para permitir que el agua caliente extraiga los componentes terapéuticos de la planta. Siga este método para hierbas como albahaca, romero, tomillo, toronjil, por ejemplo.
Si emplea las partes duras de la hierba o especia –semillas, corteza o raíces (canela en rama, semilla de cilantro o raíz de jengibre, por ejemplo)– se requiere más calor para extraer los componentes. Ponga esas partes en una cacerola con agua fría, haga romper el hervor y cueza a fuego lento entre 10 y 15 minutos. Cuele y endulce con miel, si lo desea.

Cantidades

1 cucharadita (rasa) = 5 ml
1 cucharada (rasa) = 15 ml
1 taza o vaso lleno = 250 ml
1 vaso pequeño = 90 ml
1 vaso grande = 350 ml

glosario

Adaptógeno Ayuda a restaurar el equilibrio en el cuerpo

Analgésico Alivia el dolor

Anestésico Insensibiliza y aplaca el dolor

Antibacteriano Destruye o detiene el desarrollo de infecciones bacterianas

Antibiótico Destruye o detiene el desarrollo de bacterias

Antidiurético Reduce la producción de orina

Antiespasmódico Evita y alivia los espasmos y calambres

Antifúngico Trata las infecciones por hongos

Antimicrobiano Destruye o detiene el desarrollo de microorganismos

Antiinflamatorio Baja la inflamación

Antioxidante Previene el daño de los radicales libres y protege contra las enfermedades degenerativas

Antiparasitario Mata los parásitos

Antiséptico Previene la putrescencia

Antiviral Destruye y detiene el desarrollo de infecciones virales

Astringente Contrae el tejido, seca y reduce las secreciones y supuraciones

Bactericida Capaz de destruir las bacterias

Decocción Infusión de hierbas preparada con las partes duras de una planta, como semillas, corteza y raíces

Descongestivo Alivia la congestión

Desinfectante Destruye e inhibe la actividad de los microorganismos que producen enfermedades

Desintoxicante Elimina las toxinas del cuerpo

Digestivo Ayuda a la digestión

Diurético Estimula la excreción de orina

Endorfinas Sustancias naturales sintetizadas en la glándula pineal que ejercen un efecto analgésico

Estimulante Produce energía y activa la circulación

Expectorante Activa la expectoración de flemas del aparato respiratorio

Infusión Preparación líquida hecha con las partes blandas de la hierba; flores, tallos u hojas

Laxante Estimula la evacuación del intestino

Panacea Remedio para todas las enfermedades y desórdenes

Reconstituyente Recupera la actividad y energía psicológicas normales

Relajante Relaja los nervios y músculos

Tisana Infusión preparada con hierbas frescas o secas

Tónico Vigoriza y tonifica el organismo y promueve el bienestar

bibliografía complementaria

Battison, T., *Libérate del estrés*, Ediciones B, Barcelona, 1998.

Bremness, Lesley, *El libro de bolsillo de las hierbas aromáticas*, Ediciones B, 1997.

Brewer, S. *Cuida tu alimentación*, Ediciones B, Barcelona, 1998.

Britton, J. y Kircher, T., *Tratamientos naturales con hierbas*, Javier Vergara Editor, Buenos Aires, 1999.

Brown, D. *Enciclopedia de las hierbas y sus usos*, Grijalbo, Barcelona, 1996.

Buczacki, S. *Hierbas de jardín*, Blume, Barcelona, 1997.

Elliot, R., *101 consejos esenciales. Cocine con vegetales*, Javier Vergara Editor, Buenos Aires, 1999.

Elliot, R., *La cocina vegetariana clásica*, Javier Vergara Editor, Buenos Aires, 1995.

Gayler, P., *El libro de la cocina vegetariana*, Javier Vergara Editor, Buenos Aires, 1999.

Heinerman, J. *Enciclopedia de las frutas, los vegetales y las hierbas*, Prentice Hall, México, 1999.

Heinerman, J. *Milagrosas hierbas curativas*, Prentice Hall, México, 1999.

Hillier, M. *Hierbas en el jardín*, Javier Vergara Editor, Buenos Aires, 1997.

Jackson, J. *La magia del bienestar*, Javier Vergara Editor, Buenos Aires, 1997.

Karmel, A., *La nueva cocina para niños*, Javier Vergara Editor, Buenos Aires, 1999.

Kircher, T y Lowery, P. *Hierbas medicinales*, Oniro, Barcelona, 1997.

Keville, K. *Hierbas para la salud*, Oniro, Barcelona, 1997.

Norman, J. *La cocina clásica con hierbas aromáticas*, Javier Vergara Editor, Buenos Aires, 1998.

Ody, P. *Las plantas medicinales*, Javier Vergara Editor, Buenos Aires, 1993.

Ody, P., *El libro de bolsillo de las plantas medicinales*, Ediciones B, Barcelona, 1997.

Polunin, M. *Alimentos sanos*, Ediciones B, Barcelona, 1998.

Powell, T. *Vivir sin estrés*, Ediciones B, Barcelona, 1998.

Romain, E. y Hawkey, S. *Hierbas medicinales en maceta*, Javier Vergara Editor, Buenos Aires, 1996.

Romm, A., *Remedios naturales para la salud del bebé y el niño*, Oniro, Barcelona, 1998.

Scott-Moncrieff, C., *El libro de las vitaminas*, Javier Vergara Editor, Buenos Aires, 2000.

Spiers, K. y Albright, P. *Recetas de belleza natural*, Javier Vergara Editor, Buenos Aires, 1999.

Thomas, R., *Tratamientos naturales para aliviar el dolor*, Javier Vergara Editor, Buenos Aires, 1999.

índice
de recetas

los números de páginas subrayados
corresponden a las recetas con ilustración

a

adelgazante de manzana y albaricoque 51
agua inglesa tradicional de cebada 122
almíbar caribeño de lima y cayena 144
almíbar de ajos a la francesa 119
almíbar de col y cilantro 85
almíbar hindú de rosas con leche de coco 142
almíbar de tomillo 75
almíbar isabelino de romero y limón 89
antidiarreico caribeño 108
antigua poción inglesa de avena 68

b

batido de pepino de la India 118

c

café árabe de cardamomo 56
calmante de Sri Lanka 88
calmante escandinavo 90
calmante estomacal de Oriente Próximo 116
calmante peruano 82
calmante romano 89
calmante ruso 115
cascada china 125
cerveza de jengibre 117
cerveza de ortigas 60
cerveza galesa de diente de león 132
chai hindú de la mañana 66
cóctel *borscht* de remolacha 78
copa frutal de borraja y toronjil 143
cordial caribeño 74
cordial de bayas de saúco 140
cordial de jengibre 58
cordial inglés de flor de saúco 136
cordial inglés de moras 86
cordial medieval de jengibre 144
cuajada china de jengibre e hinojo 113
cuajada tradicional inglesa de avena y ciruelas secas 54

cura caribeña 103
cura del doctor jarvis 92
cura gitana de frambuesas 108
cura indígena panameña 84

d e

depurador húngaro de remolacha y zanahoria 100
descongestivo tradicional inglés 85
energizante de dátiles y plátanos de las Indias Occidentales 59

g

gachas para gladiadores 57
gazpacho español 99

i

infusión china de cerezas 54
infusión condimentada de Cachemira 79
infusión china de angélica 121
infusión de arándanos a la norteamericana 109
infusión de espino blanco y tila 99
infusión de tila y toronjil a la francesa 86
infusión de grosellas negras y manzanas 87
infusión de hierba Luisa y menta 116
infusión de *horta* y *rigani* de Corfú 50
infusión malaya de jengibre y limón 63
infusión de limoncillo de África occidental 105
infusión de manzana y canela a la francesa 141
infusión de camomilla y hierba gatera 107

infusión de camomilla y semillas de hinojo 106
infusión marroquí de menta 67
infusión inglesa de pensamiento y camomilla 143
infusión de regaliz y cáscara de mandarina 103
infusión griega de tomillo 65
infusión de toronjil 146
infusión griega de camomilla y tila 91
infusión griega de salvia y tomillo 77
infusión griega de vitex 120
infusión inglesa de lechuga 91
infusión inglesa de camomilla y menta 113
infusión para el estado de ánimo 147
infusión tradicional inglesa de flor de saúco y menta piperita 78
inspiración de algarroba 147

l

lassi dulce hindú 104
laxante escocés de avena y canela 115
leche de almendras 67
leche de coco y plátanos de Tanzania 138
licuado de berro, espinaca y tomate 94
licuado africano de mango 81
licuado serenidad 135
limonada con especias 77

m

magia mediterránea 83
melodía de Oriente Próximo 80

n

crema china de mandarina y lichi 118
néctar de aguacate 121
néctar de Nerón 81
néctar de pera y melón de Oriente Próximo 111
néctar hindú de mango, melocotón y uva 100

r s

reconstituyente mediterráneo 61
refresco de col 93
regulador griego de almendras 101
salsa para condimentar de Oriente Próximo 64
skorthalia griega 63
sopa china de pollo y maíz 57

sopa de aguacate de Oriente Próximo 139

sopa de berro 60

sopa cantonesa de berro y espinaca 53

sopa medieval de chirivías y colinabo 111

sopa rusa de espárragos 49

sopa de espinaca de Trinidad 62

sopa de ortiga y col 133

sopa italiana de patatas, tomates y albahaca 131

sopa italiana de tomate y tomillo 59

sopa marroquí de zanahoria 53

sopa danesa de zanahoria y eneldo 107

sopa escocesa de nabos 125

sopa florentina de hinojo y alcachofa 50

sopa francesa de ajo 98

sopa francesa de cebollas 97

sopa fría de pepino y menta 137

sopa griega de lechuga 135

sopa de szechwan 144

sueño norteamericano de papaya y almendras 110

sueño malayo de papaya y coco 112

t

tango tailandés 49

tisana francesa de camomilla y menta 102

tisana provenzal de espliego y toronjil 130

tónico chino de albaricoque y pomelo 95

tónico chino preventivo de canela y ginséng 65

tónico frutal norteamericano 64

tónico para el cerebro de ginséng y cardamomo 68

tónico primaveral de Toscana 132

tónico reconstituyente de naranja y ciruelas secas 94

tranquilizante de plátanos 134

tranquilizante de pomelo de Guadalupe 105

v w

vinagre de frambuesa y sidra 76

vino de cebollas 81

vychissoise de puerros y guisantes 54

z

zinger de Zanzíbar 96

zumo de arándanos 123

zumo de col y zanahoria 75

zumo de frutas español 114

zumo de menta 136

zumo de pomelo y piña de Jamaica 48

zumo de potasio a la francesa 124

zumo de tomate italiano 140

zumo de zanahoria y manzana 52

zumo de zanahoria y perejil 123

zumo de zanahoria y romero 83

zumo egipcio para las articulaciones 93

índice
temático

para las recetas, véase índice de recetas
en pp. 154-155

los números de página en **negrita** indican
los ingredientes básicos descritos
en el capítulo uno

a

aceite de oliva 99
acidez estomacal 21, 27, 28, 102-103
afrodisíacos 23, 26, 30-31, 36-37,
    41-42
aftas 30, 34, 41, 118-119
agua de rosas 104
agua para retortijones 106
aguacate/palta 121, 139
ajo **34**, 132, 144
    candidiasis 119
    circulación 97
    cólico 107
    gastritis 22-25, 27-28, 33
    gastroenteritis 23
    tensión arterial 98, 99
    reforzador de energía 59
    sistema inmunológico 62, 63, 64
albahaca **38**, 83, 99, 131
albaricoque/damasco/chabacano **35**, 51,
    58, 95, 110
alcachofa/alcaucil 50
algarroba 147
alimentos congelados 149
alimentos enlatados 15, 149
alimentos secos 15, 149
alivio del dolor 30, 36, 38
almendra **26**, 67, 101, 110, 135
almíbar 75, 85, 89, 119, 144
almíbar de rosas 142
anemia 94-95
angélica 121
ansiedad 130-131, 134-135, 142
antiácidos 102-103
antibióticos 24, 34
antidepresivos 25
aparato digestivo 47
apio 75, 89, 93, 124, 132
arándano 64, 109, 122, 123
ardor de estómago 102-103

arenilla en el tracto urinario 20
arenilla en los riñones 42
arroz 113
arterosclerosis 36
artritis 92-93
asma 19, 34, 38, 39, 41
avena **25**, 54, 56, 68, 115
ayunos con zumos 149

b

bajar de peso 32, 48-51, 57
bajar el colesterol
    ácidos de la fruta 21, 28, 33
    ajo 34
    almendra 26
    avena 25
    ayudas con verduras 19, 20, 32, 40
    cayena **36**
    cebada 24
    jengibre 37
    yogur 43
batidores 148
bayas de saúco 140
bebidas con leche 14
    para el espíritu 134, 135, 138, 142,
    147
    para la enfermedad 81, 103, 108,
    110, 112, 121
    para sentirse bien 62, 67
    véase también yogur
bebidas de estación 132-133,
    136-137, 140-141, 144
bebidas de invierno 144
bebidas de otoño 140-141
bebidas de primavera 132-133
bebidas de verano 136-137
bebidas para el alma 126-147
bebidas para el espíritu 126-147
bebidas para recuperar la salud
    71-125
berro **42**, 53, 60, 94, 124
borraja 143
bronquitis 19, 31, 34, 42

c

café 13, 56, 66, 69
cafeína 13, 56, 66
cálculos biliares 21
cálculos en la vejiga 40
cálculos renales 26, 40, 42
calmantes 130-131, 134-135,
138-139, 142-143

calor del aparato digestivo 32
candidiasis 30, 34, 41, 43, 118-119
canela **30**
    anemia 94
    estimulante para el cerebro 66
carbohidratos 18
cardamomo 13
    depresión 146, 147
    estimulante para el cerebro 66, 68,
    69
    flatulencias 104
    náuseas 116
    reforzador de energía 56
cayena 36, 94, 144
cebada **24**, 56-57, 122
cebolla **20**, 144
    artritis 93
    circulación 97
    congestión catarral 81
    tensión arterial 98, 99
    reforzador de energía 57, 59
    sistema inmunológico 62, 64
cerezas 54
cerveza de hierbas 60, 117, 132
chiles/ajíes picantes 64, 82
chirivía 125
cilantro **23**
    congestión catarral 80
    dolores de cabeza y migrañas 82
    ojos 52
    tensión arterial 98
    resaca 89
    sinusitis 85
circulación 96
    diarrea 108
    dolor de garganta 76
    flatulencias 104
    hemorroides 115
    náuseas 116
    propiedades calóricas 141
    reforzador de energía 56
    sistema inmunológico 65
ciruela seca 54, 94
cistitis 122-123
clavo 96
col **29**, 133
    artritis 93
    resaca 89
    sinusitis 85
    tos 75
cólera 20, 34
cólico 106-107

colinabo 111
colitis 19, 22, 33
colitis ulcerosa 24
colon irritable 112-113
comino 88
congestión catarral 80-81
    véase también sinusitis
consumo de alcohol 88-89
cordiales
    para el espíritu 136, 144
    para la enfermedad 74, 86,
    89
    para sentirse bien 58
    recursos 152
cuajadas 54, 113
cura emocional 142-143

d

dátiles 59, 135
daucarina 19
deformación macular 40
depresión 25, 128, 146-147
derrame cerebral 34, 36
descongestivos 21, 23, 27, 36-38,
    87
desintoxicación de drogas 25
diabetes 25, 28, 30, 31, 34
diarrea 108-109, 112
diente de león 50, 132
disentería 30, 34, 37
dispepsia nerviosa 33
diverticulitis 110-111
dolor de espaldas 38
dolor de muelas 27, 36
dolor de oído 35
dolores de cabeza 82-83
dolores de garganta 76-77

e

E. coli 20, 30, 32, 43, 109
eczema 19, 22, 32
ejercicio 48
embarazo 27, 40, 102
eneldo 49, 90, 106, 107
enfermedades arteriales 19, 21, 24,
    34-35
enfermedades cardiacas 19, 24,
    26, 34-36, 40
equipo 148, 153
escorbuto 21
espárragos 49
espasmos en el colon 37, 41

especias
   véase también especias individuales
espinaca **40**, 53, 62, 94
espino blanco 99
espliego 130
estimulantes de la circulación 96-97
estimulantes para el cerebro 66-69
estreñimiento 100-101, 112,
   114-115
   véase también diverticulitis
estrés 134-135, 138-139, 142
expectorantes 19, 21, 37, 41-42,
   74-75
exprimidores 148

f
falso crup 26, 38
fertilidad 31, 42
fibra 100, 112
fiebre del heno 22, 23, 34
fiebre tifoidea 20, 30, 34
fiebres infantiles 86-87
filipéndula 102
flatulencias 104-105, 112
flor de saúco 78, 85, 136
flora intestinal
   candidiasis 118
   estreñimiento 100
   flatulencias 104
   reforzadores dietarios 24, 34, 41,
      43
frambuesa 76, 108
fruta 14, 15, 149
   véase también frutas individuales

g
germen de trigo 68
ginséng **31**, 65, 68
glucosa 66
gota 19-20, 28, 32, 39, 40-42
gripe 78-79, 84-85
   véase también resfríos
grosellas negras 87
guayaba 84
guisantes/arvejas/chícharos 54
gusanos *véase* parásitos intestinales

h
hemorroides 114-115
herpes 36
herpes simplex 22, 28
hierba gatera 107

hierba Luisa 116
hierbas 18, 152
   véase también hierbas individuales
hinojo 50, 106, 113
hipo 21

i
importancia del agua, 12
impotencia 42
infertilidad 36
infusiones 13
   véase también infusiones de
   hierbas, tisanas
infusiones de hierbas 13
   para el espíritu 141, 146-147
   para la enfermedad 78-79, 86, 91,
      99, 103, 105-7, 109, 113, 116,
      120-121
   para tener buen aspecto 50, 54
   para sentirse bien 63, 65-67
   preparación 149
ingredientes
   básicos 17-43
   escoger 15, 149
insomnio 90-91

j
jengibre **37**, 132, 144
   candidiasis 118
   colon irritable 113
   dolores de garganta 76
   efectos calmantes 135
   estimulante para el cerebro 66
   gripe 79
   náuseas 116, 117
   reforzador de energía 56, 57, 58
   sistema inmunológico 63
   tos 74

l
lassi 104
leche de arroz 81, 108, 110, 121, 135
leche de coco 62, 103, 112, 138,
   142
lechuga 90, 91, 135
lichi 118
licuadoras 148
licuados 14
   bajar de peso 51
   canela 30
   congestión catarral 81
   para el espíritu 135, 148

limón **21**, 136
   anemia 94
   cistitis 122
   diarrea 109
   dolor de garganta 77
   piel 54
   tensión arterial 98
   resaca 89
   sistema inmunológico 63
   tos 74
limoncillo 105
longevidad 31, 33, 41, 43

m
maíz 57
mandarina 103, 118
mango 81, 84, 100, 105, 108
manos frías 96-97
manos y pies fríos 96-97
manzana **28**, 141
   bajar de peso 51
   cuadros febriles 87
   cura emocional 143
   ojos 52
   piel 54
   sistema inmunológico 64
camomilla/manzanilla 91, 102,
   106-107, 113, 143
melocotón/durazno 100
melón 111, 125
menopausia 26
menstruación
   abundante 30, 39
   dolorosa 22-23, 26, 30, 36-37,
      39
   estimulantes 42
   véase también síndrome
   premenstrual
menta
   ardor de estómago 102
   candidiasis 118
   colon irritable 113
   efectos calmantes 135
   estimulante para el cerebro 67
   gripe 78
   náuseas 116
   ojos 53
   propiedades refrescantes 136,
      137
   sinusitis 85
menta 116
menta piperita 33

miel
    anemia 95
    artritis 92
    colon irritable 112
    congestión catarral 81
    diarrea 108, 109
    flatulencias 104
    hormonas 120
    propiedades calóricas 141
migrañas 82-83
milenrama 85
minerales 18
moras 86

n

nabos 57, 111
naranja 80, 94, 101, 114
náuseas 116-117
neumonía 42
neuralgia 22
niños
    cólico 106
    cuadro febril 86-87
nuez moscada 96

o

ojos 19, 52-53
orégano 50
ortiga 60, 133
osteoporosis 26, 33

p

papaya 49, 103, 110, 112
paperas 22
parásitos intestinales 19, 21, 36, 38, 42
parto 22, 23, 25
patata/papa 57, 131
pectina 33
pelo 60-61
pensamiento 143
pepino **32**
    candidiasis 118
    gripe 78
    tensión arterial 99
    propiedades refrescantes 78
    sistema inmunológico 64
pera **33**
    bajar de peso 49
    cura emocional 143
    diarrea 108
    diverticulitis 111
    retención de líquidos 125

perejil 98, 123, 124, 132
piel
    limpieza 54-55
    solución de problemas 19, 22-23, 27-28, 32, 39, 40
pies fríos 96-97
pimienta negra 66, 146, 147
piña/ananá 48, 103, 105
plátanos/bananas 59, 101, 108, 134, 138
pleuresía 42
pollo 57
pomelo
    anemia 95
    bajar de peso 48
    circulación 86
    flatulencias 105
    hemorroides 114
    resaca 88
    sinusitis 84
    sistema inmunológico 64
potasio 124-125
procesadoras 148
productos orgánicos 15, 149
puerro 54, 93

r

reforzadores de energía 56-59, 132-133
regaliz 103
relajantes 130-131, 134-135, 138-139, 142-143
remolacha/beterraga **27**, 78, 100, 115
rendimiento mental 66-69
resaca 99
resfríos 74-81, 84-85
retención de líquidos 48-49, 124-125
reumatismo 30, 38, 41, 42
romero **39**, 61, 83, 89

s

sal 124
salmonela 20
sarpullido 23
salsa para condimentar 64
salsa Worcestershire 94
salvia 77
sangre
    coágulos 20, 34, 36, 37
    tensión arterial 98-99
sarampión 19, 23
sedantes 130-131, 134-135, 138-139, 142-143

senilidad 36, 43
síndrome premenstrual 120-121
sinusitis 84-85
sistema inmunológico
    estimulantes 62-65
    requisitos 46
sistema nervioso 46, 128
sopas 15
    para el espíritu 131, 133, 135, 137, 139, 144
    para la enfermedad 90, 93, 97-99, 107, 111, 113, 125
    para sentirse bien 57, 59, 62
    para tener buen aspecto 49-50, 53-54, 60
sudoración *véase* transpiración

t

tila 86, 91, 99
tilo 21, 49, 81, 88, 112, 144
tisanas 77, 83, 85, 102, 130
tomate 59, 64, 94, 99, 131, 140
tomillo **41**, 59, 65, 75, 77
toques finales 149
toronjil **22**
    ansiedad 130
    cura emocional 143
    depresión 146
    dolores de cabeza y migrañas 83
    fiebre 86
tos 26, 38, 74-75
tos convulsa 37
tóxicos metálicos 28
tranquilizantes 25
tuberculosis 20, 42

u v

úlcera péptica 19, 23, 28-30, 36, 78, 86
úlceras bucales 29
úlceras estomacales 19, 23, 28-30, 43
úlceras *véanse* úlceras bucales; úlceras pépticas
uva 100, 114, 125
varicela 19, 23
verduras 14, 149
    véase también verduras individuales
vinagre de sidra 76, 92
vino 81
visión nocturna 19, 52
vitaminas 18
vitex 120
vómitos 116-117

y

yogur **43**
    anemia 94
    candidiasis 118
    cistitis 122, 123
    estreñimiento 101
    efectos calmantes 135
    flatulencias 104
    hemorroides 115
    propiedades refrescantes 137

z

zanahoria **19**, 132
    artritis 93
    cistitis 123
    cólico 107
    congestión catarral 80
    estreñimiento 100
    dolores de cabeza y migrañas 83
    gripe 78
    ojos 52-53
    tos 75
zumos 14
    para el espíritu 140
    para la enfermedad 75, 83-84, 93,
    100, 105, 114, 123-125
    para sentirse bien 64
    para tener buen aspecto 52
    recursos 152

agradecimientos

Los editores agradecen a las siguientes personas
por la colaboración en la producción de este libro:
Bridget Morley, Jo Godfrey Wood, Beverly LeBlanc,
Caroline Sutton, Lisa Footitt, Lynn Bresler, Matt Moate,
Harriet Epstein y Darry MaKay. También a Anne,
de La Cuisinière (por la provisión de utensilios de cocina
de acero inoxidable para las fotografías).